위대한 매일 영어 회화 어휘: 쌩2

지은이 오석태
초판 1쇄 인쇄 2018년 1월 10일
초판 1쇄 발행 2018년 1월 23일

발행인 박효상   **총괄 이사** 이종선   **편집장** 김현   **기획·편집** 김효정, 김설아   **디자인** 김보연
디자인 싱타디자인 고희선
마케팅 이태호, 이전희   **디지털콘텐츠** 이지호   **관리** 김태옥

종이 월드페이퍼   **인쇄·제본** 현문자현

출판등록 제10-1835호   **발행처** 사람in   **주소** 121-839 서울시 마포구 양화로 11길 14-10 (서교동) 4F
전화 02) 338-3555(代)   **팩스** 02) 338-3545   **E-mail** saramin@netsgo.com
Homepage www.saramin.com

책값은 뒤표지에 있습니다.
파본은 바꾸어 드립니다.

ⓒ 오석태 2018

ISBN
978-89-6049-655-2 14740
978-89-6049-631-6 (세트)

사람이 중심이 되는 세상, 세상과 소통하는 책   사람in

위대한
매일 영어

매일 하면 위대해집니다

회화 쌩2
어휘

아침부터 밤까지 언제라도 막힘없이!
회화에서 무지 많이 쓰는 어휘 〈쌩〉이라고 해.

오석태 지음

사람in

머리글

기초, 중급, 고급의 어휘 기준, 바뀌어야 한다

영어 어휘 책입니다.

많은 분들이 영어 어휘를 왜 배워야 하는지 제대로 생각해 본 적이 없는 것 같습니다. 그저 영어 어휘를 많이 알아야 영어를 잘할 수 있다는 누군가의 말에 휘둘려 무작정 어휘를 외웠겠지요. 아님, 시험에 어휘 문제가 나온다니까 무작정 외웠거나 어휘를 많이 알아야 영문독해가 가능할 것 같다는 생각에 또 무작정 외웠거나, 뭐 그런 거라고 대답하겠지요.

어휘는요, 말을 제대로 하기 위해서 배워야 합니다. 어휘는요, 글을 제대로 읽기 위해서 배워야 합니다. 어휘는요, 무작정 외우는 게 아니라 제대로 이해하고 받아들이는 겁니다. 그 이해를 바탕으로 꾸준한 연습 끝에 자연스레 기억의 한 자리를 차지하게 만들어야 합니다. 무작정 암기한 어휘는 영어 실력 향상에 어떠한 도움도 주지 못합니다.

이렇듯 중요한 영어 어휘를 접근할 때는 그 어휘가 실생활에서 얼마나 자연스럽게 활용되고 있는가에 초점이 맞춰져야 합니다. 어휘 그 자체가 중심이 아니라 실제 활용 중심이라는 겁니다. 활용성 없는 어휘를 무작정 익히는 것은 정말 무의미합니다. 그리고 그 어휘는 어휘 자체로 독립된 모습이 아니라 문장의 한 요소로 우리에게 와야 합니다.

문장 없는 어휘는 정말 쓸모 없습니다. 우리가 어휘를 학습하는 이유는 1차적으로 영어로 말하기 위해서입니다. 그 말은 지금 당장이라도 내가 사용할 수 있는 것이어야 합니다. 활용도 높은 어휘를 활용성이라고는 전혀 없는 문장에 포함시켜서 학습한다면, 그것만큼 참 안타깝기 그지없는 것도 없습니다.

어디 가서 영어 쌩초보라고 말하는 내가 당장 일상에서 활용할 수 있는 어휘는 기초 어휘입니다. 지금 당장 일상에서 활용할 수 있는 영어 문장은 기초 문장입니다. 기초 문장이 꼭 I am a boy. 같은 게 아닙니다. 내겐 비록 생소한 어휘와 문장이어도 그것이 일반적으로 대화 속에 자연스럽게 나오는 문장이라면 그건 무조건 기초 문장입니다. 어휘와 문장의 기초와 중급, 또는 고급의 구별은 내가 그것들을 이미 알고 있는지의 여부가 아니라 그것들이 얼마나 자주 활용되는가가 기준이어야 합니다. 내가 오래 전부터 알고 있던 어휘가, 그래서 기초라고 생각했던 어휘가 실제로 그다지 활용빈도가 높지 않다면 그건 기초 어휘가 아닙니다. 그리고 그건 지금 내게는 쓸모 없는 어휘일 뿐입니다.

〈위대한 매일 영어 회화 어휘: 쌩〉 시리즈는 일상에서 늘 사용될 수 밖에 없는 어휘와 문장들로만 구성되어 있습니다. 우리에게 생소하게 느껴지는 어휘와 문장들이 많이 포함되어 있습니다. 하지만 그 상황에서는 그 어휘를, 그 문장을 사용할 수 밖에 없는 것입니다. 그래서 활용빈도 최고의 문장들입니다. 그래서 기초 문장들입니다.

〈위대한 매일 영어 회화 어휘: 쌩〉 시리즈를 통해서 영어의 토대를 잡을 수 있습니다. 그리고 그 위에 개개인의 관심사에 따라 다양한 영어의 색을 입힐 수 있습니다. 이 책이 단순한 영어 어휘 기초 책이 아니라 영어 전체를 대변하는 기초 책이라 생각하고 1,200개 어휘와 문장을 내 것으로 만들기 위한 노력을 게을리 하지 않는다면 분명 상상 이상의 결과를 얻을 수 있을 겁니다.

영어, 잡으십시오. 그리고 영어를 날개 삼아 꿈을 실현시키십시오.

저자 오석태

왜 〈위대한 매일 영어〉여야 하는가?

〈위대한 매일 영어〉 카테고리

**위대한 매일 영어
쌩**

정말 영어 쌩초짜들을
위한 3無(부담, 압박, 진땀) 책
쌩1: 만인 평등 필수 표현
쌩2: 상황별 회화 필수 패턴
쌩3: 장소별 회화 필수 패턴
회화 어휘: 쌩1
회화 어휘: 쌩2

**위대한 매일 영어
쫌**

영어를 아주 못하진 않지만
'쫌' 하는 것과는 거리가 살짝 먼
사람들을 위한 고육지책
쫌1
쫌2

**위대한 매일 영어
꽤**

영어 쫌 한다는 말을 수시로 듣지만
자기만족 5% 부족한 독자들의 필독서
(근간 예정)

매일 느끼는 꾸준한 성취감!

어렸을 때, 매일매일 집으로 날아오던 일일공부 한 장의 추억, 다들 조금씩은 있죠? 사람들에게 일일공부 학습지에 대한 추억을 물어보면 대개 '좋았다', '괜찮았다'라고 대답합니다. 이렇게 일일공부 학습지에 대한 추억이 시간이 흐른 후에도 나쁘지 않은 건, 어렵지 않으면서 분량도 부담스럽지 않아 단번에 풀고 나가 놀 수 있기 때문이었을 거예요. 또 앉은 자리에서 끝내니까 성취감도 느낄 수 있고, 매일매일 하다 보니 뭔가 머릿속에 쌓이는 것 같기도 하고요. 그렇습니다. 이 일일공부가 우리들 뇌리에 좋은 이미지로 자리잡을 수 있었던 이유는 꾸준하게 성취감을 느끼게 했기 때문입니다. 이 꾸준한 성취감을 영어에서 느껴 보게 하면 사람들이 영어를 잘, 제대로 하지 않을까 생각하며 기획한 것이 바로 〈위대한 매일 영어〉입니다. 한마디로, 영어 일일공부 성인판인 셈이지요.

언제까지 I'm happy.만 할 것인가!

어휘 공부한다는 얘기 좀 하려면 시대를 풍미했던 〈Vocabulary 22000〉 정도는 봐 줘야 한다고 생각하십니까? 미국 유학 가서 논문 쓰지 않을 거라면, 페이지 빽빽한 전문 서적을 읽을 게 아니라면, 그저 원어민들이 하는 얘기를 제대로 알아듣고, 이왕 하는 얘기 정확하게 하고 싶어서 어휘 공부를 할 거라면 어휘 공부에 관한 생각 자체를 확 바꿔 보십시오.

머리말에도 적었지만, 영어로 말을 제대로 하고 싶으면 말의 가장 기본이 되는 어휘를 제대로 해야 합니다. 이 제대로 한다는 건, 어휘 하나에 실용성 제로인 예문으로 공부하는 게 아닙니다. 그 어휘를 써서 말할 수 밖에 없는, 실용미가 콸콸 넘치는 회화 문장으로 하는 걸 말합니다. 그래서 여기 나오는 모든 단어와 문장은 회화에서 지겹도록 자주 말해지는 것들만 추렸습니다.

누군가는 이렇게 말하기도 할 겁니다. "아니, 쌤 수준에서 너무 어려운 거 아닌가요?" 그럼 이렇게 묻겠습니다. "그럼 쌤이라고 맨날 I'm happy. Are you American? 이런 문장만 해야 할까요? 쌤 수준에서 배워야 하는 건 미국 유치원 아이들도 안 쓸 그런 문장이 아닙니다. 수준에 조금 벅차기는 하지만, 진짜 회화에서 쓰이는 문장과 그 어휘를 배워야 합니다.

이 책을 집으시는 분들, 잘하든 못하든 고등학교 졸업 때까지 들어온 영어 가락이 있으니 이 정도는 무리 없이 할 수 있을 겁니다. 그리고 아주 원어민 수준이 아니라면, 눈으로 읽고 해석은 해도 실제 사용에서는 제대로 말 못하는 사람들이 많아 똑같이 벅차할 테니 걱정하지 마세요. 오히려 의심을 버리고 여기서 하라는 대로 하다 보면 어정쩡한 자기 실력 믿고 오만한 사람들보다 실력이 더 늘 수 있습니다.

천천히 해 보십시오. 하루에 딱 소화할 만큼만 세심하게 고려하여 내놓은 것이 바로 〈위대한 매일 영어〉이니까요. 밀리지만 않고 하면 영어 실력 향상, 보장합니다!

100세까지 갈 영어 버릇 장착

여러분이 아마 어렸을 때는 일일공부 학습지를 5분도 채 되지 않게 무서운 속도로 집중하고 풀었을 것입니다. 지금은 성인이 되었으므로, 집중 시간을 45분으로 잡았습니다. 어린 시절의 일일공부가 앞뒤 두 페이지로 가뿐했다면 성인인 여러분께는 4페이지가 가뿐할 것입니다. 어릴 때 풀던 일일공부가 (그때는 우리가 잘 몰랐지만) 수리, 도형, 공감각력, 인지, 이해 각 분야를 로테이션하면서 다뤘다면 여러분이 접할 이 책에서는 어휘의 말하기, 쓰기, 듣기 영역까지 골고루 다룹니다.

이 책 한 권으로 영어가 완전히 해결된다는, 그런 말도 안 되는 거짓 공약은 하지 않습니다. 그렇지만 확실히 말씀드릴 수 있는 것은 이 책으로 하면 하루하루 영어에 관해 뭔가를 자신이 하고 있다는 성취감은 확실히 들 것입니다. 그렇게 매일 매일의 성취감이 쌓이면 여러분의 영어가 위대해지는 것이고요.

하나의 행동이 습관으로 굳어지는데 걸리는 시간이 21일, 3주라고 합니다. 매일 45분만 이 책에서 하라는 대로 해보세요. 그러면 하나는 보장합니다. 매일 영어를 하게 되는 습관이 들게 됩니다. 이 책의 최대 목표 중 하나가 바로 습관 들이기입니다. 습관 들이기에 성공했다고요? 영어의 반은 넘은 셈입니다. 나머지 절반은, 그대로 꾸준히 계속 열심히 하는 것입니다. 앞으로 계속 나올 〈위대한 매일 영어〉와 함께 말이죠.

> **KEY POINTS**
> ▶ 꾸준히 일정 강도 이상을 넘어가게 하라!
> ▶ 임계점이 넘어가도록 공부를 습관화하라!
> ▶ 무엇보다도 매일 하는 것, 그 자체로 이미 당신은 위대하다!

〈위대한 매일 영어 회화 어휘: 쌩〉 구성과 학습법

〈위대한 매일 영어 회화 어휘: 쌩〉의 특징과 구성

1. 총 2권, 각 권 40일 분량 (하루 학습 분량에 따라 차이)
2. 부담없이 해낼 수 있는 정해진 학습량
3. 활용빈도가 엄청 높은 어휘와 실용 문장 선택
4. 기억이 오래 가는 반복 학습 구성
5. 보고 듣고 말하고 쓰기를 독려하는 적극적인 학습 액티비티

〈위대한 매일 영어 회화 어휘: 쌩〉 이런 사람들에게 딱!

★ 회화에 도움이 되는 단어 학습법 소망

★ 아는 단어는 많은데 활용도는 제로

★ 판에 박힌 예문에 질려 버림

★ I'm happy. You are a girl. 수준에서 벗어난 회화 구사 욕망 분출

UNIT별 구성과 학습법

아이들이 새로운 것을 배울 때 습득력이 어른보다 좋은 이유가 무엇인지 아시나요? 바로 가르쳐 주는 사람이 하라는 대로 잘 따라 하기 때문입니다. 여러분도 이 〈위대한 매일 영어 **회화 어휘: 쌩**〉 시리즈를 하게 될 때는 마치 어린 아이가 선생님 말씀을 듣고 하라는 대로 그대로 하는 것처럼, 책에서 하라는 대로 그대로 따라 하면 됩니다. '이런다고 뭐가 되겠어?'라고 의심을 가지지 마세요. 의심을 가지는 순간 아무것도 되지 않게 됩니다. 건승을 빕니다!

한 유닛당 15개의 필수 어휘와 그 어휘가 실제로 쓰이는 회화 문장이 수록돼 있습니다. 의미 단위로 / 를 넣어 다른 표현을 넣어 활용 가능합니다.

옆 페이지에 색 볼드로 나왔던 단어의 정확한 뜻, 특이한 사용법, 동사 변화 등을 상세히 표기했습니다.

HOW TO
영어 문장이랑 우리말 해석을 부담 없이 편안하게 쓰윽 읽어 보고 다섯 번만 쓰윽 들어보세요. 핵심은 부담없이 해야 한답니다.

HOW TO
단어는 눈으로만 봐서는 안 됩니다. 옆의 빈칸에 큰 소리로 읽으면서 정성스럽게 딱 두 번만 써 보세요.

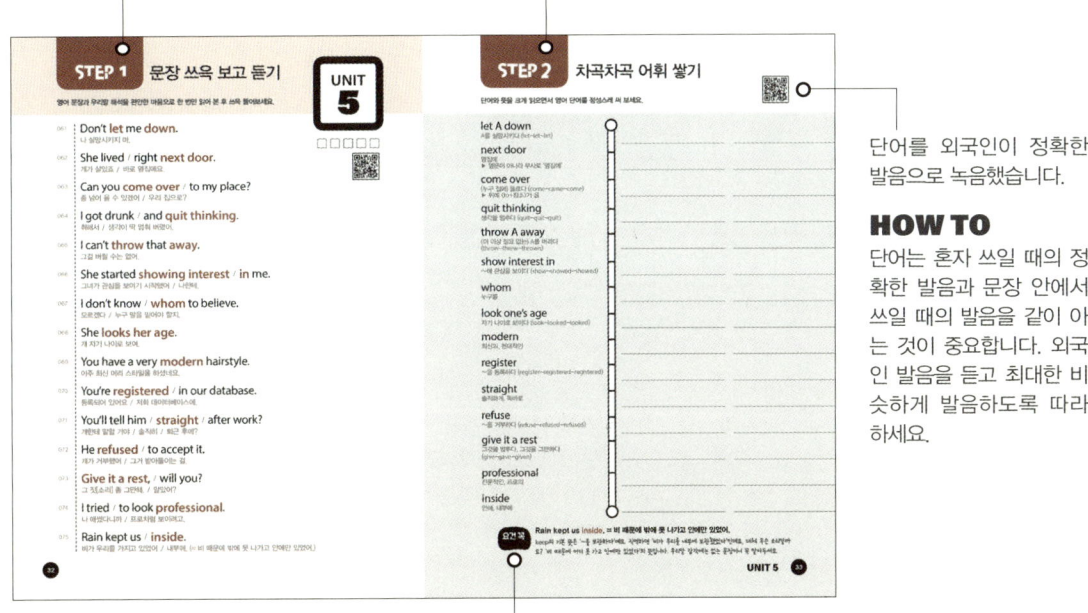

단어를 외국인이 정확한 발음으로 녹음했습니다.

HOW TO
단어는 혼자 쓰일 때의 정확한 발음과 문장 안에서 쓰일 때의 발음을 같이 아는 것이 중요합니다. 외국인 발음을 듣고 최대한 비슷하게 발음하도록 따라 하세요.

옆 페이지에 나온 문장 중 단어 뜻만으로는 해석이 안 되거나 일상에서 활용빈도가 아주 높은 것들을 뽑아 설명합니다.

앞서 배운 어휘와 문장이 실제 회화에서는 어떻게 쓰이는지 확인합니다. 이를 통해 뉘앙스 등을 정확히 알 수 있습니다.

HOW TO
별색으로 표시된 우리말에 해당하는 영어 단어를 빈칸에 쓰세요. 다 쓴 다음, 한글로 표현된 다른 문장이 영어로 궁금할 때는 뒤에 나온 답지를 확인해 보세요. 이게 부담스럽다? 그럼 쿨하게 넘어가시면 됩니다.

두 사람의 대화를 실감나게 녹음했습니다.

HOW TO
앞서 배운 표현 뿐 아니라 주고받는 표현에서도 유용한 것이 굉장히 많습니다. 여러 번 듣고 확인하길 부탁드립니다.

이제는 한글만 보고 해당 영어 단어를 써 보는 겁니다.

HOW TO
무작위로 배열돼 있습니다. 정확한 영어 단어를 쓰고 제대로 쓰지 못한 단어가 나오면 그 단어는 따로 체크해 두었다가 다시 완전히 자기 것으로 익혀야 합니다.

알아두면 회화 실력이 더 늘 수 있는 문법 사항이나 중요한 내용을 수록했습니다.

영어가 어려운 건 동사변화형도 한몫합니다. 우리말 동사 뜻을 보고 현재시제와 과거시제로 써 보세요.

HOW TO
규칙동사는 그렇게 어렵지 않습니다. 하지만 불규칙동사는 형태가 마음대로 변하기 때문에 반드시 자기 것으로 해 놔야 하지요. 틀리면 맞을 때까지 다시 확인하세요.

서로 비슷하지만 사용법이 조금씩 다른 단어, 철자는 같은데 뜻이 다른 단어, 발음은 같은데 뜻이 다른 단어 등 유용한 내용을 담았습니다.

차례

기초, 중급, 고급의 어휘 기준, 바뀌어야 한다	5
왜 〈위대한 매일 영어〉여야 하는가?	6
〈위대한 매일 영어 **회화 어휘: 쌩**〉 구성과 학습법	7
〈위대한 매일 영어 **회화 어휘: 쌩2**〉 스케줄러	12

UNIT 1	16	**UNIT 21**	104
UNIT 2	20	**UNIT 22**	108
UNIT 3	24	**UNIT 23**	112
UNIT 4	28	**UNIT 24**	116
UNIT 5	32	**UNIT 25**	120
REVIEW UNIT 1-5	36	REVIEW UNIT 21-25	124
UNIT 6	38	**UNIT 26**	126
UNIT 7	42	**UNIT 27**	130
UNIT 8	46	**UNIT 28**	134
UNIT 9	50	**UNIT 29**	138
UNIT 10	54	**UNIT 30**	142
REVIEW UNIT 6-10	58	REVIEW UNIT 26-30	146
UNIT 11	60	**UNIT 31**	148
UNIT 12	64	**UNIT 32**	152
UNIT 13	68	**UNIT 33**	156
UNIT 14	72	**UNIT 34**	160
UNIT 15	76	**UNIT 35**	164
REVIEW UNIT 11-15	80	REVIEW UNIT 31-35	168
UNIT 16	82	**UNIT 36**	170
UNIT 17	86	**UNIT 37**	174
UNIT 18	90	**UNIT 38**	178
UNIT 19	94	**UNIT 39**	182
UNIT 20	98	**UNIT 40**	186
REVIEW UNIT 16-20	102	REVIEW UNIT 36-40	190

ANSWERS STEP 3 실제론 요래 쓰여요! 정답 & 해석	192
INDEX	214

〈위대한 매일 영어 회화 어휘: 쌩2〉 스케줄러

	1일차	2일차
Week 1 STUDY	UNIT 1 & 2	UNIT 3 & 4
review		UNIT 1 & 2 STEP 1, 3 낭독 2회/필사 1회
Week 2 STUDY	UNIT 11 & 12	UNIT 13 & 14
review	UNIT 9 & 10 STEP 1, 3 낭독 2회/필사 1회	UNIT 11 & 12 STEP 1, 3 낭독 2회/필사 1회
Week 3 STUDY	UNIT 21 & 22	UNIT 23 & 24
review	UNIT 19 & 20 STEP 1, 3 낭독 2회/필사 1회	UNIT 21 & 22 STEP 1, 3 낭독 2회/필사 1회
Week 4 STUDY	UNIT 31 & 32	UNIT 33 & 34
review	UNIT 29-30 STEP 1, 3 낭독 2회/필사 1회	UNIT 31 & 32 STEP 1, 3 낭독 2회/필사 1회

3일차	4일차	5일차
UNIT 5 & 6 REVIEW UNIT 1-5	**UNIT 7 & 8**	**UNIT 9 & 10** REVIEW UNIT 6-10
UNIT 3 & 4 STEP 1, 3 낭독 2회/필사 1회	**UNIT 5 & 6** STEP 1, 3 낭독 2회/필사 1회	**UNIT 7 & 8** STEP 1, 3 낭독 2회/필사 1회
UNIT 15 & 16 REVIEW UNIT 11-15	**UNIT 17 & 18**	**UNIT 19 & 20** REVIEW UNIT 15-20
UNIT 13 & 14 STEP 1, 3 낭독 2회/필사 1회	**UNIT 15 & 16** STEP 1, 3 낭독 2회/필사 1회	**UNIT 17 & 18** STEP 1, 3 낭독 2회/필사 1회
UNIT 25 & 26 REVIEW UNIT 21-25	**UNIT 27 & 28**	**UNIT 29 & 30** REVIEW UNIT 26-30
UNIT 23 & 24 STEP 1, 3 낭독 2회/필사 1회	**UNIT 25 & 26** STEP 1, 3 낭독 2회/필사 1회	**UNIT 27 & 28** STEP 1, 3 낭독 2회/필사 1회
UNIT 35 & 36 REVIEW UNIT 31-35	**UNIT 37 & 38**	**UNIT 39 & 40** REVIEW UNIT 36-40
UNIT 33 & 34 STEP 1, 3 낭독 2회/필사 1회	**UNIT 35-36** STEP 1, 3 낭독 2회/필사 1회	**UNIT 37 & 38** STEP 1, 3 낭독 2회/필사 1회

STEP 1 문장 쓰윽 보고 듣기

영어 문장과 우리말 해석을 편안한 마음으로 한 번만 읽어 본 후 쓰윽 들어보세요.

001 **He has lost his battle to cancer.**
걔가 암과의 전쟁에서 졌어.

002 **Let me be very clear / about something.**
내가 분명히 하게 해 줘 / 뭔가에 대해. (= 내가 분명히 해 둘 게 있어.)

003 **Were you up all night / working on this?**
밤 꼬박 샌 거야 / 이 작업 하느라고?

004 **We invested an enormous amount of time and money.**
우리가 엄청난 양의 시간과 돈을 투자했다고.

005 **I was resting.**
나 쉬고 있었어.

006 **You can't park here / overnight.**
여기에 주차 못 합니다 / 밤새.

007 **It's tiring.**
그거 피곤한 일이야.

008 **Can you come out?**
지금 좀 나올 수 있어?

009 **I'm grateful.**
정말 감사합니다.

010 **You leave me / speechless.**
네가 날 만드는구나 / 할 말이 없게. (= 너 때문에 내가 할 말을 잃는다, 할 말을.)

011 **You drive me / nuts.**
네가 나를 몰고 간다고 / 미치게. (= 내가 너 때문에 미치겠다.)

012 **I don't feel comfortable / talking about this.**
마음이 편치가 않네요 / 이런 얘기를 하는 게.

013 **I want your opinion / on that.**
네 의견을 원해 / 그것에 대한. (= 그것에 대한 네 의견을 좀 말해 줘.)

014 **I'll have to pull the curtains / a little.**
커튼을 쳐야겠어 / 좀.

015 **What's the cure?**
어떻게 치료해야 해?

STEP 2 차곡차곡 어휘 쌓기

단어와 뜻을 크게 읽으면서 영어 단어를 정성스레 써 보세요.

battle
전투
▶ lose one's battle to ~와의 전쟁에 지다

clear
분명한, 확실한

work on
~을 작업하다 (work-worked-worked)

invest
~을 투자하다 (invest-invested-invested)

rest
쉬다 (rest-rested-rested)

overnight
밤새

tiring
피곤하게 만드는

come out
밖으로 나오다 (come-came-come)

grateful
고마워하는, 감사하는

speechless
할 말을 잃은

drive somebody nuts
사람을 돌게 만들다, 미치게 만들다
(drive-drove-driven)

feel comfortable
편안하게 느끼다, 마음이 편하다 (feel-felt-felt)

opinion
의견, 견해

pull the curtains
커튼을 치다 (pull-pulled-pulled)

cure
치료

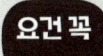 **You drive me nuts.** = 내가 너 때문에 미치겠다.
모르는 단어는 없지만 단어 뜻만으로는 절대 이해불가 문장입니다. drive는 '누군가를 어떤 상태로 몰아가다'의 뜻이고요, nuts는 crazy(미친)의 뜻이거든요. 미드나 영화에서 많이 쓰이는 표현이니 꼭 알아두세요.

UNIT 1

STEP 3 실제론 요래 쓰여요!

우리말의 색깔 부분에 해당하는 영어 표현을 써 보세요. 정답과 영어 표현은 p.194.

1. A He has lost his _____ to cancer.
    걔가 암과의 전쟁에서 졌어.
   B 걔가 죽었어?

2. A 나 한숨도 못 잤어.
   B Were you up all night _____ this?
    이거 작업하느라고 밤 꼬박 샌 거야?

3. A You can't park here _____. 밤새 여기에 주차할 수는 없어.
   B 근처에 주차장 있어?

4. A It's _____. 그거 피곤한 일이야.
   B 괜찮아. 내가 좋아하는 일인데 뭐.

5. A 내가 뭐 잘못했어?
   B You leave me _____. 너 때문에 내가 할 말을 잃는다, 할 말을.

6. A You _____ me _____.
    내가 너 때문에 미치겠다.
   B 그건 내가 할 소린데.

7. A I don't _____ talking about this. 이런 얘기를 하는 게 마음이 편치 않네요.
   B 다시는 이 얘기 안 하겠습니다.

8. A I want your _____ on that. 그것에 대한 네 의견을 좀 말해 줘.
   B 내 말 귀담아 듣지도 않을 거면서.

> **실력이 쏙!** leave는 '떠나다'의 의미로 많이 알고 있지요. 하지만 <leave A+상태를 나타내는 말>의 형태가 되면 'A를 ~한 상태로 놔두다'의 의미로 쓰입니다. 상태를 나타내는 말은 '예쁜, 미친, 어이 없는'처럼 우리말의 -ㄴ으로 끝나는 말이 보통 여기에 속합니다.
> e.g. My daughter always leaves me embarrassed. 우리 딸은 항상 날 당황스럽게 해.

STEP 4 마무리

TEST 1 우리말 표현을 영어로 써 보세요.

밤새	의견, 견해	전투
치료	할 말을 잃은	분명한, 확실한
커튼을 치다	~을 작업하다	편안하게 느끼다, 마음이 편하다
피곤하게 만드는	밖으로 나오다	사람을 돌게 만들다, 미치게 만들다
~을 투자하다	쉬다	고마워하는, 감사하는

TEST 2 우리말 표현에 맞게 동사 변화를 주세요.

~을 투자하다		~을 투자했다	
쉬다		쉬었다	
밖으로 나오다		밖으로 나왔다	
사람을 돌게 만들다		사람을 돌게 만들었다	
편안하게 느끼다		편안하게 느꼈다	
커튼을 치다		커튼을 쳤다	

battle도 war도 '전쟁'인데 차이점이 뭘까요?
사실 battle의 정확한 뜻은 '전투'로 war(전쟁) 기간 동안 양측이 벌이는 싸움입니다. 즉, 실제로 총칼 들고 싸우는 건 battle이고요, 그런 battle이 지속되는 기간의 의미로의 '전쟁'이 war인 셈이지요. 차이점, 꼭 알아두세요.

UNIT 1

STEP 1   문장 쓰윽 보고 듣기

영어 문장과 우리말 해석을 편안한 마음으로 한 번만 읽어 본 후 쓰윽 들어보세요.

UNIT 2

016   **I teach** / at a college.
애들 가르칩니다 / 대학에서.

017   **I couldn't believe my ears**.
난 그 말을 듣고도 믿을 수가 없었어. (= 내 귀를 의심했어.)

018   You know / how **tight** things are.
당신도 잘 알잖아 / 지금 형편이 얼마나 빠듯한지.

019   If you need anything, / don't **hesitate** to call me.
뭐 필요한 거 있으면 / 망설이지 말고 나한테 전화해.

020   I'm too **ashamed** / to go out.
나 너무 창피해서 / 밖으로 못 나가겠어.

021   You're **unbelievable**.
너 정말 믿을 수 없을 정도로 대단하다.

022   That was supposed to be my **line**.
그거 내가 할 말이었는데.

023   I **found** / it difficult to **breathe**.
난 알아냈어 / 숨쉬는 게 힘들다는 걸. (= 숨쉬기도 힘들었어.)

024   I just thought / I'd **drop in** / for a minute.
그냥 생각나서 / 들를까 했어 / 잠깐.

025   You've **spoiled** him / all his life.
네가 걔를 망쳐 버린 거야 / 평생. (= 네가 평생 걔를 버릇 없게 키워 놓은 거야.)

026   It **pains** me / to say it.
날 고통스럽게 해 / 그걸 말하는 게. (= 그 말 하기가 고통스럽기까지 해.)

027   It's **lovely** / to see you.
기분 좋은 걸 / 널 만나니까.

028   I'd better / **get going**.
낫겠어 / 그냥 가는 게.

029   Give him my **regards** / if you see him.
걔한테 안부 전해 줘 / 만나게 되면.

030   I'll have / the **papers** prepared.
내가 할게 / 서류 준비되게. (= 내가 서류 준비할게.)

STEP 2 차곡차곡 어휘 쌓기

단어와 뜻을 크게 읽으면서 영어 단어를 정성스레 써 보세요.

teach
(학생들을) 가르치다 (teach-taught-taught)

can't believe one's ears
말을 듣고도 믿지 못하다 (can-could)

tight
(형편이) 빠듯한, 조이는

hesitate
망설이다 (hesitate-hesitated-hesitated)
▶ Don't hesitate to+동사원형 주저 말고 ~하세요

ashamed
창피한, 부끄러운

unbelievable
믿을 수 없는 (그래서 대단한)

line
말, 대사

breathe
숨을 쉬다 (breathe-breathed-breathed)

drop in
잠깐 들르다 (drop-dropped-dropped)

spoil
망치다, (아이를) 버릇없게 키우다
(spoil-spoiled-spoiled)

pain
고통스럽게 하다 (pain-pained-pained)

lovely
멋진, 아주 좋은, 사랑스러운

get going
가다 (get-got-got[ten])

regards
안부, 안부의 말

papers
서류 ▶ 종이일 때는 papers로 표현 못 하나
서류, 신문일 때는 papers로 표현

요건 꼭
I couldn't believe my ears. = 내 귀를 의심했어.
우리말 표현, '내 귀를 의심했어'에 아주 딱 떨어지는 표현입니다. '눈을 의심했다'는 뭘까요? 그렇죠. ears 대신 eyes를 쓰면 됩니다.

UNIT 2

STEP 3 실제론 요래 쓰여요!

우리말의 색깔 부분에 해당하는 영어 표현을 써 보세요. 정답과 영어 표현은 p.194.

1　A　무슨 일 하세요?
　　B　I _____ at a college. 대학에서 애들 가르칩니다.

2　A　나 컴퓨터 새로 사야 하는데.
　　B　You know how _____ things are.
　　　　지금 형편이 얼마나 빠듯한지 당신도 잘 알잖아.

3　A　If you need anything, don't _____ to call me.
　　　　뭐 필요한 거 있으면 망설이지 말고 전화해.
　　B　고마워요.

4　A　You're _____. 너 정말 믿을 수 없을 정도로 대단하다.
　　B　과찬의 말씀이에요.

5　A　여긴 웬 일이야?
　　B　I just thought I'd _____ for a minute. 그냥 생각나서 잠깐 들를까 했지.

6　A　걔한테 헤어지고 싶다고 말했어?
　　B　It _____ me to say it. 그 말 하기가 고통스럽기까지 해.

7　A　I'd better _____.
　　　　난 그냥 가는 게 낫겠어.
　　B　무슨 소리야. 저녁 먹고 가.

8　A　Give him my _____ if you see him. 걔 만나면 안부 전해 줘.
　　B　나 걔 만날 약속 전혀 없는데.

실력이 쏙! I'll prepare the papers.와 I'll have the papers prepared.의 차이가 뭘까요? 첫 번째 문장은 말하는 사람이 직접 서류를 챙긴다는 의미고요, 두 번째 문장은 비서든 조교든 누구를 시켜서 서류를 준비하게 한다는 의미예요. have는 '가지다'의 뜻 외에 '(누구한테 ~하라고) 시키다'의 의미가 있답니다.

STEP 4 마무리

TEST 1 우리말 표현을 영어로 써 보세요.

(학생들을) 가르치다	안부, 안부의 말	창피한, 부끄러운
가다	서류	말을 듣고도 믿지 못하다
말, 대사	멋진, 아주 좋은, 사랑스러운	(형편이) 빠듯한, 조이는
고통스럽게 하다	숨을 쉬다	믿을 수 없는 (그래서 대단한)
망치다, (아이를) 버릇없게 키우다	망설이다	잠깐 들르다

TEST 2 우리말 표현에 맞게 동사 변화를 주세요.

말을 듣고도 믿지 못하다		말을 듣고도 믿지 못했다	
망설이다		망설였다	
(학생들을) 가르치다		(학생들을) 가르쳤다	
잠깐 들르다		잠깐 들렀다	
망치다		망쳤다	
고통스럽게 하다		고통스럽게 했다	
가다		갔다	

line은 '줄'이라는 뜻도 있지만, 연극에서의 '대사', '말'의 의미도 있어요. 또 '행'의 뜻도 있어서 read between lines 는 '행간을 읽다'의 의미가 되지요. 이렇게 영어 단어는 한 단어가 다양한 뜻을 가지는 경우가 많기 때문에 새로운 뜻이 나올 때마다 차곡차곡 자기 것으로 만들어 놔야 합니다.

UNIT 2

STEP 1 문장 쓰윽 보고 듣기

UNIT 3

영어 문장과 우리말 해석을 편안한 마음으로 한 번만 읽어 본 후 쓰윽 들어보세요.

031 There is **plenty** of time / for that.
시간은 많아 / 그것에 필요한.

032 I was **jotting down** my shopping list.
내가 쇼핑 리스트를 적고 있었거든.

033 Let me **get** / **something straight**.
내가 하게 해줘 / 뭔가를 명확하게. (= 분명히 해둘 게 있어.)

034 I **owe** a great deal / to him.
내가 빚진 게 많아 / 걔한테. (= 걔 덕을 많이 봤어.)

035 Something **unexpected** has come up.
전혀 예상하지 못했던 일이 일어났어.

036 I forgot to **make my bed**.
침대 정리한다는 걸 깜박했어.

037 I need to **pick up** / some more clothes.
나 사야 해 / 옷 좀 더.

038 I'll go upstairs / and get my **stuff**.
위층에 가서 / 내 물건들 가져올게.

039 Can I **have a feel**?
한번 만져 봐도 돼?

040 Take a step / **backwards**.
한 발자국 가 봐 / 뒤로.

041 It's a **tiny** studio apartment.
그건 아주 작은 원룸이야.

042 You made / me **jump**.
네가 만들었어 / 내가 화들짝 놀라게. (= 깜짝 놀랐잖아.)

043 I heard / an **argument** upstairs.
나 들었어 / 위층에서 다투는 소리.

044 That would be **short-sighted**.
그건 근시안적인 생각이 아닌가 싶은데.

045 It's a **win-win** situation.
모두에게 유리한 상황이야.

STEP 2 차곡차곡 어휘 쌓기

단어와 뜻을 크게 읽으면서 영어 단어를 정성스레 써 보세요.

plenty
풍부한 양 ▶ plenty of의 형태로 주로 쓰임

jot down
(내용을) 적다 (jot-jotted-jotted)

get something straight
뭔가를 오해 없이 분명히 하다 (get-got-got[ten])

owe
~을 빚지다 (owe-owed-owed)
▶ owe A to B (A를 B에게 빚지다)의 형태로 씀

unexpected
예기치 않은, 뜻밖의

make one's bed
침대를 정리하다 (make-made-made)
▶ 자고 일어나서 이불을 개키고 하는 걸 가리킴

pick up
~을 사다 (pick-picked-picked)

stuff
물건

have a feel
만져 보다 (have-had-had)

backwards
뒤로

tiny
아주 작은

jump
화들짝 놀라다 (jump-jumped-jumped)

argument
논쟁, 다툼

short-sighted
근시안적인
▶ 반대말은 far-sighted

win-win
모두에게 유리한

 **I need to pick up some more clothes.** = 나 옷 좀 더 사야 해.
백화점 매대에서 살 옷을 집어 올리는(pick up) 걸 생각해 보세요. 사려고 집어 올리는 거잖아요. pick up에 여러 뜻이 있지만 이렇게 '구입하다'의 의미가 있다는 것도 꼭 알아두세요.

UNIT 3   25

STEP 3 실제론 요래 쓰여요!

우리말의 색깔 부분에 해당하는 영어 표현을 써 보세요. 정답과 영어 표현은 p.195.

1. A There is _____ of time for that. 그거에 필요한 시간은 많아.
   B 하지만 꾸물댈 시간 없는 것 같은데.

2. A 떠날 준비 다 됐어?
   B I was _____ my shopping list. 나 쇼핑 리스트 적고 있었어.

3. A I _____ a great deal to him. 나 걔한테 빚진 게 많아.
   B 걔는 그렇게 생각하지 않던데.

4. A 새 사업은 잘 되어 가?
   B Something _____ has come up. 전혀 예상하지 못했던 일이 일어났어.

5. A I need to _____ some more clothes. 나 옷 좀 더 사야 해.
   B 그럼 그 쇼핑몰 앞에서 만나.

6. A 여기에 서면 돼?
   B Take a step _____. 뒤로 한 발자국 가 봐.

7. A 네가 살 아파트를 찾았어?
   B Yes. It's a _____ studio apartment. 응. 그게 아주 작은 원룸이야.

8. A I heard an _____ upstairs. 위층에서 다투는 소리를 들었어.
   B 저 사람들은 정말 쉬지 않고 싸워.

> **실력이 쑥!**
> forget/remember는 뒤에 오는 표현에 따라 뜻이 달라져요.
> forget/remember+to+동사원형: '~해야 하는 걸 깜박하다/기억하다'
> forget/remember+동사-ing: '(과거에) ~했던 걸 깜박하다/기억하다'로 의미가 다릅니다.
> 왜 그럴까요? <to+동사원형>에는 '미래', <동사-ing>에는 '과거'의 의미가 들어 있기 때문이에요.
> e.g. I remember to call you. 나 너한테 전화해야 하는 거 기억하고 있어.
> I remember calling you. 나 너한테 전화했던 거 기억해.

STEP 4 마무리

TEST 1 우리말 표현을 영어로 써 보세요.

~을 빚지다	근시안적인	물건
만져 보다	논쟁, 다툼	모두에게 유리한
풍부한 양	예기치 않은	아주 작은
(내용을) 적다	~을 사다	침대를 정리하다
뭔가를 오해 없이 분명히 하다	화들짝 놀라다	뒤로

TEST 2 우리말 표현에 맞게 동사 변화를 주세요.

(내용을) 적다		(내용을) 적었다	
뭔가를 분명히 하다		뭔가를 분명히 했다	
~을 빚지다		~을 빚졌다	
침대를 정리하다		침대를 정리했다	
~을 사다		~을 샀다	
만져 보다		만져 봤다	
화들짝 놀라다		화들짝 놀랐다	

'많은'을 나타내는 여러 가지 표현들에 대해 알아볼까요?
many: 많은 (하나, 둘, 이렇게 셀 수 있는 단어 앞에)   much: 많은 (사랑, 우정처럼 셀 수 없는 단어 앞에)
a lot of / plenty of / lots of: 단어 앞에 many를 쓸지, much를 쓸지 헷갈릴 때는 고민 말고 이 셋 중에서 쓰면 OK. 사실, many나 much는 문어체 즉, 글 속에서 주로 사용하고 위의 표현들은 주로 대화체에서 쓰입니다.

UNIT 3

STEP 1 문장 쓰윽 보고 듣기

UNIT 4

영어 문장과 우리말 해석을 편안한 마음으로 한 번만 읽어 본 후 쓰윽 들어보세요.

046 **How** / can you be so **cruel**?
어떻게 / 너 사람이 그렇게 잔인할 수가 있어?

047 **She keeps** / her hair **cut short**.
걔는 유지해 / 머리를 짧게 자른 상태로. (= 걔는 머리를 늘 짧게 자르고 다녀.)

048 Can you get it **photocopied** / for me?
그거 좀 복사해 주겠어 / 나 대신(날 위해)?

049 It hasn't been that long / since the **divorce**.
그렇게 오래 되지도 않았잖아 / 이혼한 지.

050 **Let me see** / if I've **got** this **right**.
확인 좀 할게 / 내가 이걸 제대로 이해한 건지.

051 **Say hello to** grandpa / for me.
할아버지께 안부 좀 전해 줘 / 내 대신.

052 What's the **asking price**?
그쪽에서 부르는 가격이 얼마야?

053 **Get to the point** / quickly.
본론을 말해 봐 / 어서.

054 That was a **thoughtless** remark.
그건 아무 생각도, 배려심도 없는 발언이었어.

055 **How late** / are you working / tonight?
얼마나 늦게까지 / 일해 / 오늘 밤에?

056 Please don't **take** this / **the wrong way**.
이걸 받아들이지 마 / 잘못된 방식으로. (= 괜히 오해하지는 마.)

057 I need your help / **more than ever**.
나 네 도움이 필요해 / 어느 때보다도 더욱 더.

058 This is a **private** matter.
이건 사적인 문제야.

059 Why don't you do / as he **suggested**?
해 보지 그래 / 그가 제안한 대로?

060 We're still **on** / for dinner tomorrow night?
우리 아직도 유효해 / 내일 밤 저녁 약속?

STEP 2 차곡차곡 어휘 쌓기

단어와 뜻을 크게 읽으면서 영어 단어를 정성스레 써 보세요.

cruel
잔인한

cut short
짧게 자른 상태인

photocopy
~을 복사하다
(photocopy–photocopied–photocopied)

divorce
이혼

get A right
A를 제대로 이해하다 (get–got–got[ten])

say hello to
~에게 안부를 전하다 (say–said–said)

asking price
요구하는[부르는] 가격

get to the point
본론을 말하다 (get–got–got[ten])

thoughtless
아무 생각 없는, 배려심 없는

how late
얼마나 늦게까지

take A the wrong way
A를 오해하다 (take–took–taken)

more than ever
(어느 때보다) 더욱 더

private
사적인, 개인적인

suggest
제안하다 (suggest–suggested–suggested)

on
유효한

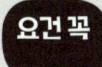 We're still **on** for dinner tomorrow night? = 우리 내일 밤 저녁 약속 아직도 유효해?
on은 용도와 뜻이 많아 완벽하게 마스터하기가 쉽지 않은 단어입니다. 이제 '유효한'의 의미로까지 쓰이네요. 뜻만 알아서는 절대 실력이 안 늡니다. 문장을 완전히 마스터해야 자기 것이 됩니다.

UNIT 4

STEP 3 실제론 요래 쓰여요!

우리말의 색깔 부분에 해당하는 영어 표현을 써 보세요. 정답과 영어 표현은 p.195.

1 A She keeps her hair _____.
      그녀는 머리를 늘 짧게 자르고 다녀.
   B 난 걔 외모, 마음에 들어.

2 A Can you get it _____ for me? 그거 좀 복사해 주겠어?
   B 책상 위에 올려 놔.

3 A 그녀가 데이트하는 모습 봤어.
   B It hasn't been that long since the _____.
      이혼한 지 그렇게 오래 되지도 않았잖아.

4 A _____ grandpa for me.
      할아버지께 내 대신 안부 좀 전해 줘.
   B 네가 전화 좀 드리지 그러냐?

5 A _____ quickly. 어서 본론을 말해 봐.
   B 먼저 커피 좀 마시고 싶은데.

6 A _____ are you working tonight?
      오늘 밤 얼마나 늦게까지 일해?
   B 상황에 따라 다르지.

7 A I need your help _____.
      나 네 도움이 어느 때보다도 더욱 더 필요해.
   B 필요하면 언제든 말해.

8 A 내가 도와주는 게 싫어?
   B This is a _____ matter. 이건 사적인 문제야.

 영어 문장을 읽다 보면 〈get+사물+과거분사〉의 형태를 많이 보게 될 겁니다. 이제부터는 '사물을 과거분사의 상태로 만들어 놓다'의 의미로 해석하세요. get it photocopied는 '그것을 복사된 상태로 만들어 놓다'의 의미니까 '복사를 해놓다'의 뜻입니다.

STEP 4 마무리

TEST 1 우리말 표현을 영어로 써 보세요.

제안하다	~에게 안부를 전하다	얼마나 늦게까지
잔인한	(어느 때보다) 더욱 더	유효한
짧게 자른 상태인	이혼	A를 오해하다
사적인, 개인적인	~을 복사하다	아무 생각 없는, 배려심 없는
요구하는[부르는] 가격	A를 제대로 이해하다	본론을 말하다

TEST 2 우리말 표현에 맞게 동사 변화를 주세요.

~을 복사하다		~을 복사했다	
A를 제대로 이해하다		A를 제대로 이해했다	
~에게 안부를 전하다		~에게 안부를 전했다	
본론을 말하다		본론을 말했다	
A를 오해하다		A를 오해했다	
제안하다		제안했다	

on의 다양한 뜻을 알아볼까요?
1. ~의 (표면 바로) 위에: on the desk 책상 위에
2. (교통수단을) 타고: travel on the bus 버스로 여행하다
3. (요일, 날짜, 때의) ~에: on Sunday 일요일에 on my birthday 내 생일에 on the first of May 5월 1일에
4. ~에 대하여: an article on African economy 아프리카 경제에 대한 기사
5. 돈과 관련하여 지불하는 사람을 가리킴: Drinks are on me. 음료수는 내가 살게.

UNIT 4

STEP 1 문장 쓰윽 보고 듣기

영어 문장과 우리말 해석을 편안한 마음으로 한 번만 읽어 본 후 쓰윽 들어보세요.

UNIT 5

061 **Don't let** me **down**.
나 실망시키지 마.

062 **She lived** / right **next door**.
걔가 살았죠 / 바로 옆집에요.

063 **Can you come over** / to my place?
좀 넘어 올 수 있겠어 / 우리 집으로?

064 **I got drunk** / and **quit thinking**.
취해서 / 생각이 딱 멈춰 버렸어.

065 **I can't throw** that **away**.
그걸 버릴 수는 없어.

066 **She started showing interest** / **in** me.
그녀가 관심을 보이기 시작했어 / 나한테.

067 **I don't know** / **whom** to believe.
모르겠다 / 누구 말을 믿어야 할지.

068 **She looks her age**.
걔 자기 나이로 보여.

069 **You have a very modern** hairstyle.
아주 최신 머리 스타일을 하셨네요.

070 **You're registered** / in our database.
등록되어 있어요 / 저희 데이터베이스에.

071 **You'll tell him** / **straight** / after work?
걔한테 말할 거야 / 솔직히 / 퇴근 후에?

072 **He refused** / to accept it.
걔가 거부했어 / 그거 받아들이는 걸.

073 **Give it a rest**, / will you?
그 짓[소리] 좀 그만해, / 알았어?

074 **I tried** / to look **professional**.
나 애썼다니까 / 프로처럼 보이려고.

075 **Rain kept us** / **inside**.
비가 우리를 가지고 있었어 / 내부에. (= 비 때문에 밖에 못 나가고 안에만 있었어.)

STEP 2 차곡차곡 어휘 쌓기

단어와 뜻을 크게 읽으면서 영어 단어를 정성스레 써 보세요.

let A down
A를 실망시키다 (let-let-let)

next door
옆집에
▶ 옆문이 아니라 부사로 '옆집에'

come over
(누구 집에) 들르다 (come-came-come)
▶ 뒤에 〈to+장소〉가 옴

quit thinking
생각을 멈추다 (quit-quit-quit)

throw A away
(더 이상 필요 없는) A를 버리다
(throw-threw-thrown)

show interest in
~에 관심을 보이다 (show-showed-showed)

whom
누구를

look one's age
자기 나이로 보이다 (look-looked-looked)

modern
최신의, 현대적인

register
~을 등록하다 (register-registered-registered)

straight
솔직하게, 똑바로

refuse
~을 거부하다 (refuse-refused-refused)

give it a rest
그것을 멈추다, 그것을 그만다
(give-gave-given)

professional
전문적인, 프로의

inside
안에, 내부에

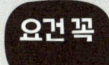 **Rain kept us inside.** = 비 때문에 밖에 못 나가고 안에만 있었어.
keep의 기본 뜻은 '~을 보관하다'예요. 직역하면 '비가 우리를 내부에 보관했었다'인데요, 대체 무슨 소리일까요? '비 때문에 어디 못 가고 안에만 있었다'의 뜻입니다. 우리말 감각에는 없는 문장이니 꼭 알아두세요.

UNIT 5

STEP 3   실제론 요래 쓰여요!

우리말의 색깔 부분에 해당하는 영어 표현을 써 보세요. 정답과 영어 표현은 p.196.

1 A Don't _____ me _____. 나 실망시키지 마.
　B 내가 실망시켰어?

2 A She lived right _____. 걔는 바로 옆집에 살았어요.
　B 정말?

3 A Can you _____ to my place?
　　우리 집으로 좀 넘어 올 수 있겠어?
　B 지금 갈게.

4 A 술 많이 마셨어?
　B I got drunk and _____. 취해서 생각이 딱 멈춰 버렸어.

5 A She started _____ me.
　　걔가 나에게 관심을 보이기 시작했어.
　B 착각하지 마.

6 A I don't know _____ to believe.
　　누구 말을 믿어야 할지 모르겠어.
　B 둘 다 믿지 마.

7 A You're _____ in our database.
　　고객님은 저희 데이터베이스에 등록되어 있어요.
　B 제가요? 무슨 이유로요?

8 A He _____ to accept it. 걔가 그거 수락하는 걸 거부했어.
　B 걔 너무 고집스러워.

실력이 쏙!

Give it a rest, will you? = 그 짓[소리] 좀 그만해, 알았어?
다 말하고 나서도 뭔가 강조나 다짐의 의미로 한 마디 덧붙이는 문장이 있는데, 주로 의문문이라서 부가의문문이라고 합니다. Give it a rest처럼 명령을 하고 나서 '알았어?'의 의미로 붙이는 부가의문문은 will you? 딱 하나입니다.

STEP 4 마무리

TEST 1 우리말 표현을 영어로 써 보세요.

누구를	(누구 집에) 들르다	~을 거부하다
안에, 내부에	~을 등록하다	A를 실망시키다
최신의, 현대적인	옆집에	전문적인, 프로의
자기 나이로 보이다	생각을 멈추다	솔직하게, 똑바로
(더 이상 필요 없는) A를 버리다	그것을 멈추다, 그것을 그만하다	~에 관심을 보이다

TEST 2 우리말 표현에 맞게 동사 변화를 주세요.

A를 실망시키다		A를 실망시켰다	
(누구 집에) 들르다		(누구 집에) 들렀다	
생각을 멈추다		생각을 멈췄다	
(더 이상 필요 없는) A를 버리다		(더 이상 필요 없는) A를 버렸다	
~에 관심을 보이다		~에 관심을 보였다	
~의 나이로 보이다		~의 나이로 보였다	
그것을 멈추다		그것을 멈췄다	

원어민들은 '집'을 지칭할 때 house를 쓰기도 하고, place를 쓰기도 합니다. place는 house나 apartment를 캐주얼하게 말할 때 사용하는 어휘예요. 따라서 대화에서는 my place, your place, his place 등으로 place가 빈번하게 등장합니다.

UNIT 5

REVIEW
UNIT 1-5

확인학습 다음 우리말 문장을 영어로 쓰세요.

다음 문장의 빈칸에 들어갈 알맞은 표현을 쓰세요.

STEP 1의 번호

1. I want your o_____ on that. 그것에 대한 네 의견을 좀 말해 줘. | 013
2. I'm g_____. 정말 감사합니다. | 009
3. It's t_____. 그거 피곤한 일이야. | 007
4. I was r_____. 나 쉬고 있었어. | 005
5. If you need anything, don't h_____ to call me. | 019
뭐 필요한 거 있으면 망설이지 말고 전화해.
6. I found it difficult to b_____. 숨쉬기도 힘들었어. | 023
7. It p_____ me to say it. 그 말 하기가 고통스럽기까지 해. | 026
8. You're u_____. 너 정말 믿을 수 없을 정도로 대단하다. | 021
9. Something u_____ has come up. 전혀 예상하지 못했던 일이 일어났어. | 035
10. I need to p_____ some more clothes. 나 옷 좀 더 사야 해. | 037
11. Can I h_____? 한번 만져 봐도 돼? | 039
12. It's a t_____ studio apartment. 그건 아주 작은 원룸이야. | 041
13. It's a w_____ situation. 모두에게 유리한 상황이야 | 045
14. Let me see if I've g_____ this r_____. | 050
내가 이걸 제대로 이해한 건지 확인 좀 할게.
15. She keeps her hair c_____. 걔는 머리를 늘 짧게 자르고 다녀. | 047
16. Why don't you do as he s_____? 그가 제안한 대로해 보지 그래? | 059
17. H_____ are you working tonight? 오늘 밤에 얼마나 늦게까지 일해? | 055
18. Can you c_____ to my place? 우리 집으로좀 넘어 올 수 있겠어? | 063
19. I can't t_____ that _____. 그걸 버릴 수는 없어. | 065
20. He r_____ to accept it. 걔가 그거 받아들이는 걸 거부했어. | 072
21. G_____, will you? 그 짓[소리]좀 그만해, 알았어? | 073
22. I don't know w_____ to believe. 누구 말을 믿어야 할지 모르겠다. | 067

다음 뜻에 해당하는 영어 단어를 쓰세요.

커튼을 치다	~을 작업하다	편안하게 느끼다
고통스럽게 하다	숨을 쉬다	믿을 수 없는 (그래서 대단한)
분명히 하다	화들짝 놀라다	뒤로
짧게 자른 상태인	이혼	A를 오해하다
(더 이상 필요 없는) A를 버리다	그것을 멈추다, 그것을 그만하다	~에 관심을 보이다
최신의, 현대적인	옆집에	전문적인, 프로의
요구하는[부르는] 가격	A를 제대로 이해하다	본론을 말하다
(내용을) 적다	~을 사다	침대를 정리하다
말, 대사	멋진, 아주 좋은, 사랑스러운	(형편이) 빠듯한, 조이는
피곤하게 만드는	밖으로 나오다	사람을 돌게 만들다, 미치게 만들다
밤새	의견, 견해	전쟁
가다	서류	말을 듣고도 믿지 못하다
~을 빚지다	근시안적인	물건
잔인한	(어느 때보다) 더욱 더	유효한
누구를	(누구 집에) 들르다	~을 거부하다

STEP 1 문장 쓰윽 보고 듣기

영어 문장과 우리말 해석을 편안한 마음으로 한 번만 읽어 본 후 쓰윽 들어보세요.

UNIT 6

076 I've lost my **appetite**.
식욕을 잃었어.

077 We cannot **allow** / that to happen.
우리 못 놔 둬 / 그게 발생하도록. (= 그런 일이 생기게 해서는 안 돼.)

078 He has everything / **under control**.
그가 모든 걸 가지고 있어 / 관리 하에. (= 그가 모든 걸 다 관리하고 있어.)

079 Somebody's **following** me.
누가 나를 쫓아오고 있어.

080 They **have** a lot / **in common**.
걔네들은 정말 많아 / 닮은 점이.

081 I'll be back / at seven **sharp**.
돌아올게 / 정각 7시에.

082 I'm not **fond** / of cold weather.
나 안 좋아해 / 추운 날씨.

083 I have a college **degree** / in education.
저 학사 학위 있어요 / 교육학에서. (= 저 교육학 학사 학위 있어요.)

084 Can you **sign** it / for me?
서명해 줄래요 / 절 위해? (= 서명 좀 해주시겠어요?)

085 I want you / to **knock** on the door.
네가 해 주면 좋겠어 / 문에 노크 좀.

086 He's quite **mature** / for his age.
걔 굉장히 어른스러워 / 나이에 비해서.

087 I don't know / how to **cope with** the difficulties.
모르겠어 / 이 난국을 어떻게 헤쳐갈지.

088 I can't get over **jet lag**.
시차증 극복이 안 되네.

089 You will have to **break** it **open**.
아마 그걸 부숴서 열어야 할 거야.

090 Come down / off that **ladder**.
어서 내려와 / 그 사다리에서.

STEP 2 차곡차곡 어휘 쌓기

단어와 뜻을 크게 읽으면서 영어 단어를 정성스레 써 보세요.

appetite
식욕, 입맛
▶ lose one's appetite 식욕을 잃다

allow
~을 허락하다, 놔두다 (allow–allowed–allowed)
▶ allow A to+동사원형: A가 ~하게 놔두다

under control
통제가 되는, 제어가 되는

follow
(뒤를) 쫓아오다 (follow–followed–followed)

have in common
공통점이 있다 (have–had–had)

sharp
(시간에서) 정각

fond
좋아하는
▶ be fond of ~을 좋아하다

degree
학위

sign
~에 서명하다 (sign–signed–signed)

knock
노크하다 (knock–knocked–knocked)

mature
성숙한, 어른스러운

cope with
~을 헤쳐나가다, 극복하다 (cope–coped–coped)

jet lag
시차증

break A open
A를 부숴서 열다 (break–broke–broken)

ladder
사다리

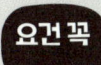 **They have a lot in common.** = 걔네들은 닮은 점이 정말 많아.
닮은 점, 공통점이 많으면 서로 잘 통하겠죠? 그걸 영어로는 이렇게 표현합니다. 반대말로 '닮은 점이 정말 없어.'는 They have nothing in common.이 되겠죠.

UNIT 6

STEP 3 실제론 요래 쓰여요!

우리말의 색깔 부분에 해당하는 영어 표현을 써 보세요. 정답과 영어 표현은 p.196.

1　A　I've lost my _____. 식욕을 잃어버렸어.
　　B　군것질하지 말라고 했잖아.

2　A　We cannot _____ that to happen.
　　　 그런 일이 생기게 해서는 안 돼.
　　B　더욱 조심하겠습니다.

3　A　(to the phone) Somebody's _____ me.
　　　 (핸드폰에 대고) 누가 나를 쫓아오고 있어.
　　B　뒤돌아 봐. 나야 나.

4　A　They _____ a lot _____.
　　　 걔네들은 닮은 점이 정말 많아.
　　B　처음부터 죽이 잘 맞았어.

5　A　기다리고 있을게.
　　B　I'll be back at seven _____. 정각 7시에 돌아올게.

6　A　I want you to _____ on the door.
　　　 노크 좀 해 주면 좋겠어.
　　B　이거 내 방이야.

7　A　He's quite _____ for his age.
　　　 걔는 나이에 비해서 굉장히 어른스러워.
　　B　그래서 좀 걱정이 되긴 해.

8　A　너 안색이 별로 안 좋아 보여.
　　B　I can't get over _____. 시차증 극복이 안 되네.

I've lost my appetite. = 식욕을 잃어버렸어.
I lost my appetite.라고 해도 되는데 I've lost my appetite.라고 쓴 건 분명 이유가 있겠죠? 첫 번째 문장은 과거에 입맛을 잃었는데 지금은 되찾았는지 어쩐지 모르는 상태를 말합니다. 그런데 두 번째 문장은 과거에 입맛을 잃어서 말하는 지금까지도 계속 그렇다는 걸 나타내죠.

STEP 4 마무리

TEST 1 우리말 표현을 영어로 써 보세요.

좋아하는	(뒤를) 쫓아오다	사다리
성숙한, 어른스러운	식욕, 입맛	(시간에서) 정각
통제가 되는, 제어가 되는	시차증	공통점이 있다
A를 부숴서 열다	~에 서명하다	~을 헤쳐나가다, 극복하다
학위	~을 허락하다, 놔두다	노크하다

TEST 2 우리말 표현에 맞게 동사 변화를 주세요.

한국어	영어	한국어	영어
~을 허락하다, 놔두다		~을 허락했다, 놔뒀다	
(뒤를) 쫓아오다		(뒤를) 쫓아왔다	
공통점이 있다		공통점이 있었다	
~에 서명하다		~에 서명했다	
노크하다		노크했다	
~을 헤쳐나가다, 극복하다		~을 헤쳐나갔다, 극복했다	
A를 부숴서 열다		A를 부숴서 열었다	

sharp도 은근히 다양한 뜻으로 쓰이는 단어입니다.
* 신랄한, 사람이 영리한 e.g. sharp criticism 신랄한 비판 sharp operator 영리한 수완가
* 정각 e.g. at seven sharp 정각 7시에
* 반음 높은 음 e.g. a difficult piece to play, full of sharps and flats 샵과 플랫이 많은 연주하기 힘든 곡

UNIT 6

STEP 1 문장 쓰윽 보고 듣기

영어 문장과 우리말 해석을 편안한 마음으로 한 번만 읽어 본 후 쓰윽 들어보세요.

UNIT 7

091 **He got sacked.**
걔 해고됐어.

092 **Don't take it out on me.**
나한테 화풀이하지 마.

093 **I'll call you / in an hour / to confirm.**
전화 드리겠습니다 / 한 시간 후에 / 확인 차.

094 **I deserve an explanation.**
나는 설명을 들을 자격이 있다고 봐.

095 **He's talented.**
걔는 타고난 재능이 있어.

096 **The battery went dead.**
배터리가 다 됐어.

097 **It must be exhausting.**
그거 정말 피곤한 일인가 보다.

098 **There is fraud taking place.**
지금 계획적으로 사기 행각이 벌어지고 있어.

099 **If I tell him, / he thinks / I'm nagging.**
걔한테 말하면 / 걔는 생각한다니까 / 내가 잔소리한다고.

100 **What a splendid room!**
방 정말 좋다!

101 **Feel free to ask.**
부담 갖지 말고 편안히 물어봐.

102 **You're / right on time.**
왔네 / 시간에 딱 맞춰서.

103 **It's so crowded.**
사람 정말 많아.

104 **Word travels / fast.**
소문은 도는 법이야 / 빨리.

105 **I miss having her around.**
걔가 곁에 있을 때가 그립다.

STEP 2 차곡차곡 어휘 쌓기

단어와 뜻을 크게 읽으면서 영어 단어를 정성스레 써 보세요.

get sacked
해고되다 (get–got–got[ten])

take something out on
~을 …에게 화풀이하다 (take–took–taken)

confirm
확인하다 (confirm–confirmed–confirmed)

explanation
설명

talented
타고난 재능이 있는

go dead
(배터리, 전기 등이) 다 되다, 죽다
(go–went–gone)

exhausting
피곤하게 만드는

take place
(계획된 일이) 발생하다, 일어나다
(take–took–taken)

nag
잔소리하다 (nag–nagged–nagged)

splendid
훌륭한, 멋진

feel free
부담을 안 갖다 (feel–felt–felt)
▶ 뒤에 〈to+동사원형〉

on time
정시에, 시간에 맞추어서

crowded
사람이 붐비는

travel
이동하다, 가다 (travel–travelled–travelled)

miss
~을 그리워하다 (miss–missed–missed)

 **Word travels fast.** = 소문은 빨리 도는 법이야.

travel을 보는 순간 '여행하다'가 떠올랐을 겁니다. 하지만 travel은 '(멀리) 떨어져 있는 곳으로 이동하다'의 의미가 있어요. 말과 소문이 빨리 퍼지는 걸 이렇게 표현한답니다.

UNIT 7

STEP 3 실제론 요래 쓰여요!

우리말의 색깔 부분에 해당하는 영어 표현을 써 보세요. 정답과 영어 표현은 p.197.

1. A He _____. 걔 해고됐어.
   B 걔가 뭐 사고친 거야?

2. A Don't _____ it _____ me.
   나한테 화풀이하지 마.
   B 화풀이가 아니야. 너한테 사실을 말하는 거잖아.

3. A I deserve an _____. 나는 설명 들을 자격이 있다고 봐.
   B 설명해도 아마 넌 이해 못할 걸.

4. A The battery _____. 배터리가 다 됐어.
   B 나 휴대용 충전기 있어.

5. A There is fraud _____.
   지금 계획적으로 사기 행각이 벌어지고 있어.
   B 네가 어떻게 알아?

6. A 이게 안방이에요.
   B What a _____ room! 방 정말 좋다!

7. A 질문 좀 해도 돼요?
   B _____ to ask. 부담 갖지 말고 편안히 물어봐.

8. A 너 그거 어떻게 알아?
   B Word _____ fast. 소문은 빨리 돌잖아.

우리말의 '우와, 집 진짜 멋있다!'처럼 감탄하는 문장을 만들 때 필요한 순서 하나 알려 드립니다. <What+(a/an)+형용사+명사!> 요거 하나 제대로 쓰면 웬만한 감탄문은 다 커버됩니다. 단, 명사가 love(사랑) 같이 추상적이거나 셀 수 없는 것, 또는 여러 개가 있는 복수형일 때는 형용사 앞에 a/an을 쓰지 않는다는 것, 꼭 기억하세요.

STEP 4 마무리

TEST 1 우리말 표현을 영어로 써 보세요.

확인하다	(배터리, 전기 등이) 다 되다, 죽다	정시에, 시간에 맞추어서
해고되다	~을 그리워하다	(계획한 일이) 발생하다, 일어나다
사람이 붐비는	피곤하게 만드는	잔소리하다
~을 …에게 화풀이하다	설명	훌륭한, 멋진
이동하다, 가다	부담을 안 갖다	타고난 재능이 있는

TEST 2 우리말 표현에 맞게 동사 변화를 주세요.

해고되다		해고됐다	
~을 …에게 화풀이하다		~을 …에게 화풀이했다	
확인하다		확인했다	
(배터리, 전기 등이) 다 되다		(배터리, 전기 등이) 다 됐다	
발생하다, 일어나다		발생했다, 일어났다	
부담을 안 갖다		부담을 안 가졌다	
이동하다, 가다		이동했다, 갔다	

on time과 in time을 헷갈려하는 분들, 진짜 많습니다.
*on time은 '정각에, 시간을 어기지 않고'의 뜻이에요.
*in time은 '시간 내에, 제 시간에'로 정해진 마감시한 내에의 뜻입니다.

STEP 1 문장 쓰윽 보고 듣기

영어 문장과 우리말 해석을 편안한 마음으로 한 번만 읽어 본 후 쓰윽 들어보세요.

106 **We have to start all over again.**
우리 처음부터 다시 시작해야 해.

107 **Are you mad / at me?**
화났어 / 나한테?

108 **They get along / so well.**
걔들 사이 좋게 지내 / 아주.

109 **I'm not much of an athlete.**
나 운동 잘 못해.

110 **Don't take any chances.**
모험하지 마. (= 쓸데 없는 짓 하지 마.)

111 **You look impressive.**
그쪽이 굉장히 인상적이신데요.

112 **You don't have to be so formal.**
그렇게 격식 차릴 필요 없어.

113 **I have a migraine.**
나 편두통이 있어.

114 **You did a wonderful job / restoring it.**
완전 잘했네 / 원래 상태대로 돌려 놓는 걸. (= 감쪽같이 원래 상태로 돌려놨네.)

115 **I'm being rather silly, / aren't I?**
내가 지금 좀 바보 같지, / 그치?

116 **There's no reason / you should have to suffer.**
이유가 전혀 없어 / 네가 고통 받아야 할.

117 **I got stuck in traffic.**
교통체증에 걸려서 꼼짝 못했어.

118 **I can handle this / on my own.**
나 이거 감당할 수 있어 / 혼자서.

119 **They insist / on you coming.**
그 사람들이 우기던데 / 당신도 같이 와야 한다고.

120 **He's still conscious.**
걔 아직 의식 있어.

STEP 2 차곡차곡 어휘 쌓기

단어와 뜻을 크게 읽으면서 영어 단어를 정성스레 써 보세요.

start (all) over again
처음부터 다시 시작하다 (start–started–started)

mad
화난
▶ 화를 내게 된 대상은 〈at+상대〉로 표현

get along
사이 좋게 지내다 (get–got–got[ten])

athlete
운동 잘하는 사람, 운동 선수

take chances
모험하다 (take–took–taken)

impressive
인상적인, 인상 깊은

formal
격식을 갖춘, 정중한

migraine
편두통

restore
복원하다, 회복시키다
(restore–restored–restored)

silly
바보 같은, 어리석은

suffer
고통을 받다 (suffer–suffered–suffered)

get stuck in traffic
교통체증에 걸려 꼼짝 못하다 (get–got–got[ten])

on one's own
혼자서, 남의 도움 없이

insist
우기다, 고집하다 (insist–insisted–insisted)

conscious
의식이 있는, 의식하는

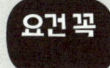 요건 꼭

I'm not much of an athlete. = 나 운동 잘 못해.
much는 '능력이 대단히 많은'의 뜻으로도 쓰여요. 그래서 much of an athlete는 '운동을 잘하는'으로 이해하여 not much of an athlete는 '운동을 잘하지 못하는'의 뜻이 되죠.

UNIT 8

STEP 3   실제론 요래 쓰여요!

우리말의 색깔 부분에 해당하는 영어 표현을 써 보세요. 정답과 영어 표현은 p.197.

1. **A** We have to _____.
   우리 처음부터 다시 시작해야 해.
   B 어쩌다 그렇게 된 거야?

2. **A** Are you _____ at me? 너 나한테 화났어?
   B 너한테 화 안 났는데.

3. **A** They _____ so well. 걔들 아주 사이 좋게 잘 지내.
   B 나 어제 걔들 싸우는 거 봤는데.

4. **A** 나 새로운 사업 시작하려고.
   B Don't _____ any _____.
   모험하지 마. (= 쓸데 없는 짓 하지 마.)

5. **A** 안색이 별로네.
   B I have a _____. 나 편두통이 있어.

6. **A** I'm being rather _____, aren't I?
   내가 지금 좀 바보 같지, 그치?
   B 그렇게 말하는 이유가 뭐야?

7. **A** There's no reason you should have to _____.
   네가 고통 받아야 할 이유가 전혀 없어.
   B 지금으로서는 어쩔 수가 없잖아.

8. **A** 너 또 늦었어.
   B I _____. 교통체증에 걸려서 꼼짝 못했어.

> **실력이 쏙!** I'm being silly.와 I'm silly의 차이를 아십니까? being이 있냐 없냐, 맞아요. being이 있으면 일시적인 걸 뜻합니다. 원래 silly 이런 상태가 아닌데 말하는 이 순간에는 그렇다는 거예요. being이 없는 두 번째 문장은 원래 silly하다는 뜻이고요. 종종 나오는 문장들이니 꼭 알아두세요.

STEP 4 마무리

TEST 1   우리말 표현을 영어로 써 보세요.

편두통	처음부터 다시 시작하다	바보 같은, 어리석은
운동 잘하는 사람, 운동 선수	의식이 있는, 의식하는	교통체증에 걸려 꼼짝 못하다
모험하다	사이 좋게 지내다	우기다, 고집하다
인상적인, 인상 깊은	화난	혼자서, 남의 도움 없이
고통을 받다	복원하다, 회복시키다	격식을 갖춘, 정중한

TEST 2   우리말 표현에 맞게 동사 변화를 주세요.

처음부터 다시 시작하다		처음부터 다시 시작했다	
사이 좋게 지내다		사이 좋게 지냈다	
모험하다		모험했다	
복원하다		복원했다	
고통을 받다		고통을 받았다	
교통체증에 걸려 꼼짝 못하다		교통체증에 걸려 꼼짝 못했다	
우기다, 고집하다		우겼다, 고집했다	

모양이 비슷비슷해서 헷갈리는 단어들이 여럿 있는데, 그 중 하나가 conscious입니다. 이번 기회에 한번 확실히 정리하세요.

conscious: 의식이 있는, 의식하는
conscientious: 양심 있는, 성실한
consciousness: 의식, 자각
conscience: 양심, 가책

UNIT 8

STEP 1 문장 쓰윽 보고 듣기

영어 문장과 우리말 해석을 편안한 마음으로 한 번만 읽어 본 후 쓰윽 들어보세요.

121. Don't **fret** / so much.
조바심 내지 마 / 너무 많이.

122. Just / **sleep** it **off**.
그냥 / 그런 건 한숨 자고 털어버려.

123. I'm not **exaggerating**.
나 지금 과장하는 거 아니야.

124. Don't take it / **lightly**.
그거 받아들이지 마라 / 가볍게. (= 진지하게 받아들이라고.)

125. You didn't notice / I was standing **nearby**.
넌 눈치 못 챘잖아 / 내가 가까이에 서 있는 데도.

126. We can't **be seen** / together.
우리가 들키면 안 돼 / 함께 있는 걸.

127. I **couldn't care less**.
신경 쓸 필요도 없다고 봐.

128. Why do you go there / if you so **dislike** it?
거긴 왜 가는 거야 / 그게 그렇게 싫다면서?

129. Don't **flatter yourself**.
자만하지 마.

130. Your eyes are **bloodshot**.
너 눈 충혈됐네.

131. Let's **leave** it / **at that**.
그걸 놔 두자 / 그 정도로. (= 지금은 그 정도로만 해 두자고.)

132. I'll **settle** it / later.
그 일은 내가 처리할게 / 나중에.

133. I cannot **get** her / **out of my mind**.
나 걔를 못 꺼내겠어 / 내 마음 밖으로. (= 걔 생각이 머리에서 떠나질 않아.)

134. I'm not **picky**.
저 까다롭지 않아요.

135. I've been **on my feet** / for hours.
나 계속 서 있었어 / 몇 시간 동안.

STEP 2 차곡차곡 어휘 쌓기

단어와 뜻을 크게 읽으면서 영어 단어를 정성스레 써 보세요.

fret
조바심 내다, 조마조마하다
(fret–fretted–fretted)

sleep off
~을 잠으로 떨치다 (sleep–slept–slept)

exaggerate
과장하다

lightly
가볍게

nearby
가까이, 가까운 곳에

be seen
들키다, 남의 눈에 띄다

couldn't care less
신경 쓸 필요 없다고 생각하다

dislike
~을 싫어하다 (dislike–disliked–disliked)

flatter oneself
자만하다 (flatter–flattered–flattered)

bloodshot
(눈이) 충혈된

leave A at that
A를 그 정도로 해 두다 (leave–left–left)

settle
해결하다, 결정하다 (settle–settled–settled)

get A out of one's mind
A를 생각에서 지우다 (get–got–got[ten])

picky
까다로운

on one's feet
서 있는

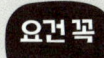 **I'm not picky.** = 저 까다롭지 않아요.
단순하지만 참 쓸모가 많은 문장입니다. 입맛이라든가 취향 등이 예민하지 않고 수더분하다고 말하고 싶을 때 이렇게 표현할 수 있어요. 참고로 음식 까탈이 심한 사람을 picky eater라고 합니다.

UNIT 9

STEP 3   실제론 요래 쓰여요!

우리말의 색깔 부분에 해당하는 영어 표현을 써 보세요. 정답과 영어 표현은 p.198.

1   A 나 또 떨어지면 어쩌지?
    B Don't _____ so much. 너무 조바심 내지 마.

2   A 그게 머리 속에서 떠나지를 않아.
    B Just _____ it _____.
       그냥 그런 건 한숨 자고 털어 버려.

3   A I'm not _____. 내가 지금 과장하는 게 아니야.
    B 알아. 내가 잘 알지.

4   A Don't take it _____. 그거 가볍게 받아들이지 마라.
    B 꼭 기억하고 있을게.

5   A We can't _____ together. 우리 함께 있는 거 들키면 안 돼.
    B 그럼 내가 어떻게 해야 하는데?

6   A Why do you go there if you so _____ it?
       그게 그렇게 싫다면서 거긴 왜 가는 거야?
    B 사는 게 다 그런 거야.

7   A 이거 해결할 수 있는 건 나밖에 없어.
    B Don't _____. 자만하지 마.

8   A Your eyes are _____. 너 눈 충혈됐어.
    B 간밤에 한숨도 못 잤거든.

실력이 쑥! We can't **be seen** together. 우리가 함께 있는 걸 들키면 안 돼.
〈be동사+과거분사〉는 주어가 스스로 어떤 행위를 하는 게 아니라 타인이나 상황으로 인해 어떤 행동을 받거나 상황에 처하게 되는 걸 표현합니다. see가 '(주어가) ~을 보다'라면 be seen은 '(주어가) 다른 사람 눈에 뜨이다'의 의미가 되죠. 다른 사람 눈에 뜨이는 건 주어의 의지와 상관 없으니까요. 중요한 사항이니 꼭 알아두세요.

STEP 4 마무리

TEST 1 우리말 표현을 영어로 써 보세요.

(눈이) 충혈된	과장하다	서 있는
~을 싫어하다	가까이, 가까운 곳에	해결하다, 결정하다
까다로운	조바심 내다, 조마조마하다	신경 쓸 필요 없다고 생각하다
~을 잠으로 떨치다	A를 생각에서 지우다	자만하다
A를 그 정도로 해 두다	들키다, 남의 눈에 띄다	가볍게

TEST 2 우리말 표현에 맞게 동사 변화를 주세요.

조바심 내다, 조마조마하다		조바심 냈다, 조마조마했다	
~을 잠으로 떨치다		~을 잠으로 떨쳤다	
~을 싫어하다		~을 싫어했다	
자만하다		자만했다	
A를 그 정도로 해 두다		A를 그 정도로 해 뒀다	
A를 생각에서 지우다		A를 생각에서 지웠다	
신경 쓸 필요 없다고 생각하다		신경 쓸 필요 없다고 생각했다	

dislike와 hate는 문어체에서 즐겨 쓰이는 단어들입니다. 의미상 dislike는 '싫어하다', hate는 '아주 질색팔색으로 싫어하다'인데 문어체 어휘를 구어체에서 활용하면 의미의 강도가 훨씬 커져요. 그래서 "난 네가 싫어."를 I dislike you.나 I hate you.라고 하면 듣는 사람이 몹시 충격 받을 수 있죠. 특히 I hate you의 충격은 대단하지요. 구어체에서는 보통 I don't like you. 또는 I can't stand you.로 표현합니다.

UNIT 9

STEP 1 문장 쓰윽 보고 듣기

영어 문장과 우리말 해석을 편안한 마음으로 한 번만 읽어 본 후 쓰윽 들어보세요.

UNIT 10

136 **I'm fully aware / of that.**
나도 아주 잘 알고 있어 / 그건.

137 **I'll have to go / barefoot.**
나 가야 할 거 같다 / 그냥 맨발로.

138 **He arrived / bright and early.**
걔가 도착했더라고 / 아침 일찍.

139 **Don't be a stranger.**
이러다 얼굴 잊어 먹겠다.

140 **It's a childish thing / to do.**
정말 유치한 짓이야 / 그렇게 하는 건.

141 **Dream of me.**
내 꿈 꿔.

142 **It slipped my mind.**
그거 깜박 잊어먹고 있었어.

143 **I had a haircut.**
나 머리 잘랐다.

144 **I find / it offensive.**
알게 되네 / 그게 불쾌하다는 걸. (= 그거 불쾌한데.)

145 **I can't put up with / you being here.**
나 정말 못 참겠어 / 네가 여기에 있는 것.

146 **This is past the expiration date.**
이건 유효 기간이 지났네.

147 **You tend to be very loyal / to him.**
너 아주 충성스러운 경향이 있더라 / 걔한테는.

148 **It's not lack of sleep.**
그거 수면 부족 때문이 아니야.

149 **You need to slow down.**
너 일 좀 쉬엄쉬엄 해야 해.

150 **I didn't mean / to be mean.**
그럴 생각은 아니었어 / 인색하게 굴려는 거.

STEP 2 차곡차곡 어휘 쌓기

단어와 뜻을 크게 읽으면서 영어 단어를 정성스레 써 보세요.

aware
알고 있는, 의식하고 있는

barefoot
맨발로, 맨발의

bright and early
아침 일찍

stranger
낯선 사람, 오랜만이라서 얼굴 잊어버린 사람

childish
유치한

dream of
~을 꿈꾸다 (dream-dreamed-dreamed)

slip one's mind
깜박하다 (slip-slipped-slipped)
▶ 주어 자리에 잊어버리는 내용이 옴

have a haircut
머리를 자르다 (have-had-had)

offensive
불쾌한

put up with
~을 참고 견디다 (put-put-put)

expiration date
유효 기간

loyal
충성스러운

lack of sleep
수면 부족

slow down
천천히 하다, 여유 있게 하다
(slow-slowed-slowed)

mean
인색한, 심술궂은

Don't be a stranger. = 이러다 얼굴 잊어 먹겠다.
직역하면 '이방인이 되지 마라'입니다. 하도 얼굴 못 봐서 이방인처럼 되지 말라는 것으로 우리말의 '이러다 얼굴 잊어 먹겠다'의 뜻입니다. 단순하지만 절대 잊지 않겠죠?

UNIT 10

STEP 3   실제론 요래 쓰여요!

우리말의 색깔 부분에 해당하는 영어 표현을 써 보세요. 정답과 영어 표현은 p.198.

1 A 걔는 그 일을 할 능력이 안 돼.
   B I'm fully _____ of that. 그건 나도 아주 잘 알고 있지.

2 A He arrived _____. 걔가 아침 일찍 도착했더라고.
   B 전혀 개답지 않은 걸.

3 A Don't be a _____. 이러다 얼굴 잊어 먹겠다.
   B 내가 많이 바빴어.

4 A _____ me. 내 꿈 꿔.
   B 아주 로맨틱한 걸.

5 A It _____. 그거 깜박 잊어 먹고 있었어.
   B 어떻게 그럴 수가 있어요?

6 A 너 달라 보인다.
   B I _____. 나 머리 잘랐어.

7 A This is past the _____.
      이건 유효 기간이 지났네.
   B 그냥 먹어도 돼.

8 A It's not _____.
      그건 수면 부족 때문 아니야.
   B 그럼 뭐야?

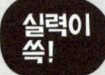

I had a haircut. 나 머리 잘랐다.

haircut이 셀 수 있는 명사? 사실 미국인들도 왜 haircut 앞에 a가 붙는지 몰라요. 그냥 자기네가 쓰는 말이니까 사용하는 것뿐이죠. 하지만 우리는 정확하게 알아둘 필요가 있어요. a에는 '어떤'의 의미와 '여러 개 중의 하나'라는 의미가 포함돼서 셀 수 있는 명사 앞에 붙여요. 머리 모양은 수도 없이 많은데 내가 자른 머리는 그 많은 종류의 머리들 중 하나입니다. 그러니 a가 붙을 수밖에요. I have a headache.도 똑같은 경우입니다. 두통의 종류가 참 다양한데 그 중 하나인 두통을 지금 내가 가지고 있다 해서 a headache라고 합니다.

STEP 4 마무리

TEST 1 우리말 표현을 영어로 써 보세요.

아침 일찍	~을 꿈꾸다	충성스러운
인색한, 심술궂은	알고 있는, 의식하고 있는	유치한
불쾌한	수면 부족	~을 참고 견디다
낯선 사람, 오랜만이라 얼굴 잊어버린 사람	머리를 자르다	천천히 하다, 여유 있게 하다
유효 기간	맨발로, 맨발의	깜박하다

TEST 2 우리말 표현에 맞게 동사 변화를 주세요.

~을 꿈꾸다		~을 꿈꿨다	
깜박하다		깜박했다	
머리를 자르다		머리를 잘랐다	
~을 참고 견디다		~을 참고 견뎠다	
천천히 하다, 여유 있게 하다		천천히 했다, 여유 있게 했다	

child-가 들어간 대표적인 단어로 childish와 childlike가 있어요. 그렇지만 의미가 다르니 주의해서 써야 합니다.
childish: (하는 짓이) 유치한 → 부정적인 어감이에요.
childlike: (하는 게) 어린 아이처럼 순진한, 순수한 → 보통 호감을 갖고 말합니다.

REVIEW
UNIT 6-10

확인학습 다음 우리말 문장을 영어로 쓰세요.

다음 문장의 빈칸에 들어갈 알맞은 표현을 쓰세요.　　　　　　　　　　　　　**STEP 1의 번호**

1. He has everything u_____. 그가 모든 걸 다 관리하고 있어. | 078
2. I'll be back at seven s_____. 정각 7시에 돌아올게. | 081
3. Can you s_____ it for me? 거기에 서명 좀 해 줄 수 있겠어? | 084
4. I want you to k_____ on the door. 네가 문에 노크 좀 해 주면 좋겠어. | 085
5. I don't know how to c_____ the difficulties. | 087
   이 난국을 어떻게 헤쳐갈지 모르겠어.
6. If I tell him, he thinks I'm n_____. | 099
   걔한테 말하면 걔는 내가 잔소리 한다고 생각한다니까.
7. What a s_____ room! 방 정말 좋다! | 100
8. You're right o_____. 시간에 딱 맞춰서 왔네. | 102
9. F_____ to ask. 부담 갖지 말고 편안히 물어봐. | 101
10. Don't t_____ any c_____. | 110
    모험하지 마. (= 쓸데 없는 짓 하지 마.)
11. You don't have to be so f_____. 그렇게 격식 차릴 필요 없어. | 112
12. He's still c_____. 걔 아직 의식 있어. | 120
13. Don't f_____ so much. 너무 많이 조바심 내지 마. | 121
14. We can't b_____ together. 우리가 함께 있는 걸 들키면 안 돼. | 126
15. Don't f_____. 자만하지 마. | 129
16. I cannot g_____ her _____. | 133
    걔 생각이 머리에서 떠나질 않아.
17. I'll have to go b_____. 나 그냥 맨발로 가야 할 거 같다. | 137
18. He arrived b_____. 걔가 아침 일찍 도착했더라고. | 138
19. It's a c_____ thing to do. 그렇게 하는 건 정말 유치한 짓이야. | 140
20. I didn't mean to be m_____. 인색하게 굴려는 생각은 아니었어. | 150
21. It s_____. 그거 깜박 잊어먹고 있었어. | 142

다음 뜻에 해당하는 영어 단어를 쓰세요.

확정하다, 확인하다	다 되다, 죽다	정시에, 시간에 맞추어서
좋아하는	(뒤를) 쫓아오다	사다리
통제가 되는, 제어가 되는	시차증	공통점이 있다
편두통	처음부터 다시 시작하다	바보 같은, 어리석은
사람이 붐비는	피곤하게 만드는	잔소리하다
(눈이) 충혈된	과장하다	서 있는
모험하다	사이 좋게 지내다	우기다, 고집하다
고통을 받다	복원하다, 회복시키다	격식을 갖춘, 정중한
학위	~을 허락하다, 놔두다	노크하다, 문을 두드리다
아침 일찍	~을 꿈꾸다	충성스러운
까다로운	조바심 내다, 조마조마하다	신경 쓸 필요 없다고 생각하다
이동하다, 가다	부담을 안 가지다	타고난 재능이 있는
불쾌한	수면 부족	~을 참고 견디다
유효 기간	맨발로	잊어버리다, 생각나지 않다
A를 그 정도로 해 두다	들키다, 남의 눈에 띄다	가볍게

STEP 1 문장 쓰윽 보고 듣기

UNIT 11

영어 문장과 우리말 해석을 편안한 마음으로 한 번만 읽어 본 후 쓰윽 들어보세요.

151 **It's a hunch / I have.**
그거 예감이야 / 내가 가지고 있는. (= 내 예감이 그래).

152 **Don't ever make a fool of me / again.**
나 웃음거리로 만들지 마 / 다시는.

153 **Don't take it for granted.**
그걸 당연하게 여기지 마.

154 **My fingers were too numb / from the cold.**
내 손가락들이 전혀 감각이 없었어 / 추위 때문에.

155 **I've got a bit of an announcement.**
모두에게 알려줄 소식이 좀 있어.

156 **Do you fancy a coffee?**
커피 한잔 할래?

157 **Their motive was unclear.**
그들의 동기라는 게 분명치가 않았어.

158 **I think / you may be a born lyricist.**
내 생각인데, / 당신은 천부적인 작사가인 것 같아.

159 **I'm terribly sorry / to barge in / like this.**
정말 죄송합니다 / 불쑥 들어와서 / 이렇게.

160 **I Googled you.**
내가 너 구글 검색해 봤어.

161 **How much / do you weigh?**
얼마나 / (몸무게가) 나가?

162 **That's really not a strength of his.**
걔가 그거는 진짜 잘 못해.

163 **That is actually quite intriguing.**
그거 진짜 완전히 흥미로운 걸.

164 **Is it OK / if I borrow your car?**
괜찮겠냐 / 네 차 좀 빌려도?

165 **We're getting together / tomorrow night.**
우리 만나거든 / 내일 밤에.

STEP 2　차곡차곡 어휘 쌓기

단어와 뜻을 크게 읽으면서 영어 단어를 정성스레 써 보세요.

hunch
예감

make a fool of
~을 웃음거리로 만들다 (make-made-made)

take A for granted
A를 당연시하다 (take-took-taken)

numb
감각이 없는, 무감각한

announcement
소식, 발표

fancy
~을 원하다, ~을 하고 싶어 하다
(fancy-fancied-fancied)

unclear
분명하지 않은

born
타고난, 천부적인

barge in
불쑥 들어오다 (barge-barged-barged)

Google
~을 구글 검색하다 (Google-Googled-Googled)

weigh
체중[몸무게]이 ~이다
(weigh-weighed-weighed)

strength
장점, 힘

intriguing
대단히 흥미로운, 흥미를 자극하는

borrow
~을 빌리다 (borrow-borrowed-borrowed)

get together
만나다 (get-got-got[ten])

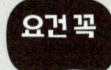 **Don't take it for granted.** = 그걸 당연하게 여기지 마.
다른 사람에게 뭔가를 받는 걸 너무나 당연시 하는 사람들이 많습니다. 하지만 그렇게 당연시 여길 건 아무 것도 없습니다. take A for granted는 회화나 독해에서 참 많이 활용되는 표현이므로 꼭 알아두세요.

UNIT 11

STEP 3   실제론 요래 쓰여요!

우리말의 색깔 부분에 해당하는 영어 표현을 써 보세요. 정답과 영어 표현은 p.199.

1　A　그렇게 확신하는 이유는?
　　B　It's a _____ I have. 내 예감이 그래.

2　A　Don't ever _____ me again.
　　　　다시는 나 웃음거리로 만들지 마라.
　　B　내가 일부러 그런 게 아닌데.

3　A　걔는 나를 사랑하니까.
　　B　Don't _____ it _____.
　　　　그걸 당연하게 여기지 마.

4　A　My fingers were too _____ from the cold.
　　　　내 손가락들이 추위 때문에 전혀 감각이 없었어.
　　B　장갑 끼라고 했잖아.

5　A　Do you _____ a coffee? 커피 한잔 할래?
　　B　내 마음을 읽은 거야?

6　A　Their motive was _____. 그들의 동기가 분명치가 않았어.
　　B　동기가 뭐랬는데?

7　A　I'm terribly sorry to _____ like this.
　　　　이렇게 불쑥 들어와서 정말 죄송합니다.
　　B　무슨 급한 일 있어요?

8　A　How much do you _____? 몸무게가 얼마나 나가?
　　B　그런 거 묻지 마.

Don't ever make a fool of me again. = 다시는 나 웃음거리로 만들지 마.
'~하지 마'라고 부정 명령문을 만들 때는 보통 동사 앞에 Don't를 놓습니다. 그런데 위의 문장은 그 뒤에 ever를 넣었네요. ever는 '한번이라도'의 뜻으로 부정어 not과 결합하면 '한번이라도 안 된다'의 의미가 되어 never와 같은 뜻이 됩니다. 즉, '절대 ~하지 마라'라는 뜻이 되는 거죠. 단순하게 Don't라고 하는 것보다 Don't ever라고 하면 훨씬 더 강력하게 하지 말라는 뜻을 전합니다.

STEP 4 마무리

TEST 1 우리말 표현을 영어로 써 보세요.

소식, 발표	대단히 흥미로운, 흥미를 자극하는	예감
만나다	타고난, 천부적인	체중[몸무게]이 ~이다
감각이 없는, 무감각한	~을 구글 검색하다	A를 당연시하다
~을 빌리다	~을 웃음거리로 만들다	분명하지 않은
장점, 힘	~을 원한다, ~을 하고 싶어 하다	불쑥 들어오다

TEST 2 우리말 표현에 맞게 동사 변화를 주세요.

~을 웃음거리로 만들다		~을 웃음거리로 만들었다	
A를 당연시하다		A를 당연시했다	
~을 원하다, ~을 하고 싶어 하다		~을 원했다, ~을 하고 싶어 했다	
불쑥 들어오다		불쑥 들어왔다	
~을 구글 검색하다		~을 구글 검색했다	
체중이 ~이다		체중이 ~이었다	
만나다		만났다	

'팬시 상품'이라는 말 들어봤을 거예요. 실용성보다는 장식에 중점을 둔 일용품을 일컫는 말로, 이 때의 '팬시'가 바로 fancy입니다. 이때는 fancy가 '장식이 많은, 색깔이 화려한'의 뜻이랍니다. 또 fancy restaurant이란 표현도 심심찮게 접할 수 있는데요, 이때의 fancy는 '값비싼, 고급의'의 뜻이지요. 이 fancy가 동사로 쓰이면 '~하고 싶어 하다, 원하다'의 의미가 된답니다.

UNIT 11

STEP 1   문장 쓰윽 보고 듣기

UNIT 12

영어 문장과 우리말 해석을 편안한 마음으로 한 번만 읽어 본 후 쓰윽 들어보세요.

166 | I looked at her / in the **rearview mirror**.
내가 걔를 봤어 / 백미러로.

167 | What / are you **over the moon** about?
뭣 때문에 / 그렇게 기분이 좋은 거야?

168 | Because of the rain, / I couldn't get there / **in time**.
비 때문에 / 거기에 도착할 수가 없었어 / 시간에 맞춰서.

169 | Have I come / **at a bad time**?
내가 지금 온 건가 / 불편한 시간에?

170 | This deal is **in jeopardy**.
이 계약이 위험해. (= 이 계약이 성사 안 될 수도 있어.)

171 | I have a pretty good **memory** / for faces.
나 정말 기억 잘해 / 사람 얼굴.

172 | We're **in the middle of** something.
우리 지금 뭘 좀 하고 있는 중이야.

173 | He's trying / to **set** me **up**.
걔가 이러네 / 나한테 여자[남자]를 소개시켜 주겠다고.

174 | I don't **normally** do this.
보통은 내가 이러지 않아.

175 | What time / do you **get off** / tonight?
몇 시에 / 퇴근해 / 오늘 밤?

176 | I'm never **going out** / **with** you.
절대 데이트 안 해 / 당신하고는.

177 | I told you / I **disagree**.
내가 너한테 말했지 / 나 동의하지 않는다고.

178 | I'm an **exception**.
난 예외야.

179 | That's **a hell of a lot** to ask.
부탁하는 게 엄청 많네.

180 | He **scored** a date / with Sarah.
걔가 데이트에 성공했네 / Sarah랑.

STEP 2 차곡차곡 어휘 쌓기

단어와 뜻을 크게 읽으면서 영어 단어를 정성스레 써 보세요.

rearview mirror
(자동차의) 백미러

over the moon
매우 행복하고 흥분되는

in time
시간에 맞춰, 늦지 않게

at a bad time
적절하지 않은 시간에, 불편한 시간에

in jeopardy
위험한 상태에 있는

memory
기억
▶ memory for A A에 관한 기억

in the middle of
~의 도중에, ~의 중간에

set somebody up
~에게 이성을 소개시켜 주다 (set–set–set)

normally
보통은, 보통 때는

get off
퇴근하다 (get–got–got[ten])

go out with
~와 데이트하다 (go–went–gone)

disagree
동의하지 않다
(disagree–disagreed–disagreed)

exception
예외

a hell of a lot
대단히 많음, 엄청나게 많음

score
성공하다 (score–scored–scored)

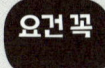

He scored a date with Sarah. = 걔가 Sarah랑 데이트에 성공했네.

score를 '(경기 등에서) 득점하다'의 의미로 알고 있는데, 거기에 뿌리를 두어 '성공을 거두다'의 의미로 확장해 쓰기도 합니다. 진정한 영어 실력은 단어의 다양한 쓰임을 정확하게 아는 것에 있습니다.

UNIT 12

STEP 3   실제론 요래 쓰여요!

우리말의 색깔 부분에 해당하는 영어 표현을 써 보세요. 정답과 영어 표현은 p.199.

1. A I looked at her in the _____.
      내가 걔를 백미러로 봤어.
   B 걔 뭘 입고 있었어?

2. A What are you _____ about?
      무엇 때문에 그렇게 기분이 좋아?
   B 마침내 직장을 구했어.

3. A Have I come _____? 내가 지금 불편한 시간에 온 거야?
   B 아니, 전혀. 여기 잠깐만 좀 앉아 있어.

4. A This deal is _____. 이 계약, 성사 안 될 수도 있어.
   B 우리가 무슨 잘못을 한 건데?

5. A 너희들 뭐하고 있어?
   B We're _____ something.
      우리 지금 뭘 좀 하고 있는 중이야.

6. A He's trying to _____ me _____.
      걔가 자꾸 나한테 여자[남자]를 소개 시켜주겠다고 이러네.
   B 너 애인 있잖아.

7. A What time do you _____ tonight?
      오늘 밤 몇 시에 퇴근해?
   B 그걸 내가 어떻게 알아?

8. A I told you I _____.
      내가 동의하지 않는다고 너한테 말했잖아.
   B 동의하든 말든.

> **실력이 쓱!**
> I'm never going out with you. 당신하고는 절대 데이트 안 해.
> 여러 번 말하지만, 우리가 현재진행형(be동사의 현재형+동사-ing)이라고 하는 건 이미 정해진 가까운 미래의 일을 나타낼 때도 쓰일 수 있습니다. 위의 문장이 바로 그런 경우입니다. 너무나 확고해서 '데이트 안 할 거야'도 아닌 '데이트 안 해'로 말하고 있네요.

STEP 4 마무리

TEST 1 우리말 표현을 영어로 써 보세요.

기억	퇴근하다	성공하다
시간에 맞춰, 늦지 않게	동의하지 않다	(자동차의) 백미러
~에게 이성을 소개시켜 주다	예외	매우 행복하고 흥분되는
위험한 상태에 있는	~와 데이트하다	대단히 많음, 엄청나게 많음
보통은, 보통 때는	~의 도중에, ~의 중간에	적절하지 않은 시간에, 불편한 시간에

TEST 2 우리말 표현에 맞게 동사 변화를 주세요.

~에게 이성을 소개시켜 주다		~에게 이성을 소개시켜 주었다	
퇴근하다		퇴근했다	
~와 데이트하다		~와 데이트했다	
동의하지 않다		동의하지 않았다	
성공하다		성공했다	

우리가 알고 있는 danger도 '위험'인데 jeopardy도 '위험'이라고 합니다. 무슨 차이가 있을까요?
danger는 '사람이 사망하거나 다치거나 할 수 있는 위험'을 뜻합니다. 반면에 jeopardy는 '사람 또는 사물이 분실되거나 원래 하려고 했던 걸 못 하게 되거나 파손될 위험'을 뜻합니다.

STEP 1   문장 쓰윽 보고 듣기

영어 문장과 우리말 해석을 편안한 마음으로 한 번만 읽어 본 후 쓰윽 들어보세요.

181   I don't **repeat myself**.
난 같은 말 되풀이하지 않아.

182   I thought / you had to **tutor** today.
생각했지 / 네가 오늘 개인지도 해야 하는 거 아닌가 하고. (= 너 오늘 개인지도 있지 않아?)

183   I'm glad / I **caught** you.
반갑다 / 연락이 돼서.

184   You sound **out of breath**.
목소리가 숨이 차네.

185   I feel **stupid** / asking this.
바보 같다는 생각이 든다 / 이런 질문하자니.

186   Call me / if you **get stuck** or whatever.
나한테 전화해 / 하다가 막히거나 뭐 그러면.

187   How / did your project **end up**?
어떻게 / 네 프로젝트는 잘 끝났어?

188   Sorry / to **interrupt**.
죄송합니다 / 방해해서.

189   I saw / you were **online**.
네가 봤어 / 너 채팅 창에 올라와 있는 걸.

190   You **clean** that **up**.
너야말로 저거 깨끗이 다 치워.

191   I'll **make it up to** you.
그 일은 내가 보상할게.

192   She's just being extra **cautious**.
걔는 그냥 지금 더 조심스럽게 행동하고 있는 거야.

193   You want / me to **take** it **back**?
넌 원하니 / 내가 그걸 다시 가져가는 걸? (= 나더러 그걸 다시 가져가라고?)

194   I want to meet you / **in person**.
뵙고 싶은데요 / 얼굴 마주하고 직접.

195   I don't want / you to **feel sorry for** me.
난 싫어 / 네가 나를 불쌍하게 생각하는 거.

STEP 2 차곡차곡 어휘 쌓기

단어와 뜻을 크게 읽으면서 영어 단어를 정성스레 써 보세요.

repeat oneself
같은 말을 되풀이하다
(repeat–repeated–repeated)

tutor
개인지도를 하다 (tutor–tutored–tutored)

catch
~에게 연락하다 (catch–caught–caught)

out of breath
숨이 찬

stupid
바보 같은, 멍청한

get stuck
~하는 도중에 잘 해결되지 않고 막히다
(get–got–got[ten])

end up
결과적으로 ~하게 되다 (end–ended–ended)

interrupt
방해하다 (interrupt–interrupted–interrupted)

online
온라인 상태인, 채팅 창에 올라와 있는

clean up
~을 깨끗이 치우다 (clean–cleaned–cleaned)

make it up to
~에게 보상하다 (make–made–made)

cautious
조심스러운, 주의 깊은

take back
~을 다시 가져가다 (take–took–taken)

in person
얼굴을 마주하고 직접

feel sorry for
~을 불쌍하게[안쓰럽게] 생각하다 (feel–felt–felt)

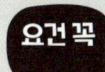

I'm glad I caught you. = 연락이 돼서 반갑다.
이 문장을 형사가 말하면 '널 잡게 돼서 반갑다'의 뜻일 수도 있지요. 하지만 범죄와 무관한 대부분의 사람들에게 이 문장은 '연락이 닿아 반갑다'라는 뜻입니다. catch에 '(붙)잡다'의 뜻 외에 '연락하다'의 뜻이 있거든요.

UNIT 13

STEP 3 실제론 요래 쓰여요!

우리말의 색깔 부분에 해당하는 영어 표현을 써 보세요. 정답과 영어 표현은 p.200.

1. A 성함이 뭐라고 하셨죠?
   B I don't _____. 저는 같은 말을 되풀이하지 않습니다.

2. A I thought you had to _____ today.
   너 오늘 개인지도 있지 않아?
   B 취소했지.

3. A You sound _____. 목소리가 숨이 차네.
   B 지금 운동 중이야.

4. A Call me if you _____ or whatever.
   하다가 막히거나 뭐 그러면 나한테 전화해.
   B 다음 주 중에 전화할게.

5. A How did your project _____?
   너 프로젝트는 어떻게 잘 끝났어?
   B 끝나기는. 처음부터 다시 시작해야 할 판이야.

6. A You _____ that _____.
   너야말로 저거 깨끗이 다 치워.
   B 네가 엉망으로 만들어 놓은 거잖아.

7. A I'll _____ you. 그 일은 내가 보상할게.
   B 그럴 필요 없어. 신경 쓰지 마.

8. A 난 이거 필요 없거든.
   B You want me to _____ it _____?
   나더러 그걸 다시 가져가라고?

Clean it up.과 You clean it up. 하나는 명령문이고 하나는 평서문이네요. 명령문은 주어 You를 생략한다고 그랬죠? 그런데 You를 생략하지 않고도 명령문으로 쓸 수 있습니다. 이렇게 You를 생략하지 않고 You clean it up.이라고 하면 말이 점잖아집니다. "그거 치우도록 해요." 정도가 되지요. 그런데 어떤 감정을 넣느냐에 따라 의미가 완전히 달라집니다. You clean it up.에서 You에 짜증을 실으면 Clean it up.보다 더 거친 명령문이 될 수 있는데 그럴 때는 "너나 깨끗이 치우라고."로 이해하게 됩니다.

STEP 4 마무리

TEST 1   우리말 표현을 영어로 써 보세요.

온라인 상태인, 채팅 창에 올라와 있는	개인지도를 하다	~을 불쌍하게[안쓰럽게] 생각하다

~을 다시 가져가다	같은 말을 되풀이하다	~에게 연락하다

~하는 도중에 잘 해결되지 않고 막히다	~에게 보상하다	숨이 찬

얼굴을 마주하고 직접	결과적으로 ~하게 되다	바보 같은, 멍청한

조심스러운, 주의 깊은	방해하다	~을 깨끗이 치우다

TEST 2   우리말 표현에 맞게 동사 변화를 주세요.

같은 말을 되풀이하다		같은 말을 되풀이했다	
~하는 도중에 잘 해결 안 되고 막히다		~하는 도중에 잘 해결 안 되고 막혔다	
결과적으로 ~하게 되다		결과적으로 ~하게 되었다	
~을 깨끗이 치우다		~을 깨끗이 치웠다	
~에게 보상하다		~에게 보상했다	
~을 다시 가져가다		~을 다시 가져갔다	
~을 불쌍하게[안쓰럽게] 생각하다		~을 불쌍하게[안쓰럽게] 생각했다	

알쏭달쏭아!

in person과 directly를 의외로 헷갈려 하는 사람들이 많습니다.
in person은 '사람을 직접 만나서'이고, directly는 '중간에 어디 거치지 않고 곧바로'의 의미입니다.
e.g. I saw Brad Pitt in person. 난 Brad Pitt을 직접 보았다. (화면, 책자를 통해서가 아니라 직접)
He went directly to the hospital. 그는 병원으로 곧장 갔다. (어디 들르거나 하지 않음)

UNIT 13

STEP 1 문장 쓰윽 보고 듣기

영어 문장과 우리말 해석을 편안한 마음으로 한 번만 읽어 본 후 쓰윽 들어보세요.

UNIT 14

196 **Lots of people are homeschooled.**
많은 사람들이 집에서 교육을 받아.

197 **She thinks / I'm a doormat.**
걔는 생각하더라니까 / 내가 무슨 동네북인줄.

198 **Do I look like / I care what people think?**
내가 그렇게 보여 / 다른 사람들 생각에 신경 쓰는 것처럼?

199 **How / do you accomplish so much?**
어떻게 / 그렇게 많은 일을 해내세요?

200 **I have to cut class / today.**
나 수업 빼먹어야 해 / 오늘은.

201 **I made plans / to see them / tonight.**
내가 약속을 했어 / 걔네들을 만나기로 / 오늘 밤에.

202 **I was so embarrassed.**
얼마나 당혹스럽던지.

203 **It's against the rules.**
그건 규칙에 어긋나는 거야.

204 **He was thoughtful / for a moment.**
그는 생각에 잠겼어 / 잠시.

205 **Let's just concentrate / on it.**
우린 그냥 집중하자 / 그거에만.

206 **I knew / you would see its possibilities.**
나 알고 있었어 / 네가 그 가능성을 보게 될 거라고.

207 **I wonder / if they'll find this amusing.**
모르겠네 / 걔네들이 이걸 재미있어 할지.

208 **I just wanted to test your reaction.**
그냥 당신의 반응을 테스트해 보고 싶었어요.

209 **I'll have / someone escort you.**
제가 시키지요 / 누가 당신 에스코트해 드리도록.

210 **Please turn this in / when you leave.**
이건 반납해 주세요 / 가실 때.

STEP 2 차곡차곡 어휘 쌓기

단어와 뜻을 크게 읽으면서 영어 단어를 정성스레 써 보세요.

homeschool
(학교 대신) 집에서 교육하다 (homeschool–homeschooled–homeschooled)

doormat
동네북

care
~을 신경 쓰다 (care–cared–cared)

accomplish
성취하다, 해내다 (accomplish–accomplished–accomplished)

cut class
수업을 빼먹다 (cut–cut–cut)

make plans
약속하다 (make–made–made)

embarrassed
당혹스러운, 어색한

against the rules
규칙에 어긋나는

thoughtful
생각에 잠긴

concentrate
집중하다 (concentrate–concentrated–concentrated)
▶ 집중을 하는 대상은 뒤에 〈on+대상〉으로 표현

possibility
가능성

amusing
재미있는

reaction
반응

escort
~을 에스코트하다 (escort–escorted–escorted)

turn in
~을 반납하다 (turn–turned–turned)

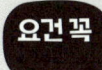 **She thinks I'm a doormat.** = 걔는 내가 무슨 동네북인줄 생각하더라니까.
doormat은 원래 문간에 깔아 놓는 신발 바닥 닦개를 가리키는 말로, 집에 드나드는 사람이라면 너나할 것 없이 그 매트를 밟고 다닐 거잖아요. 그래서 우리말의 '동네북'의 의미를 가지게 되었답니다.

UNIT 14

STEP 3   실제론 요래 쓰여요!

우리말의 색깔 부분에 해당하는 영어 표현을 써 보세요. 정답과 영어 표현은 p.200.

1 A Lots of people are _____.
       많은 사람들이 집에서 교육을 받아.
   B 성향에 따르는 거지 뭐.

2 A She thinks I'm a _____. 걔는 내가 동네북인 줄 알아.
   B 걔 제정신이 아니구나.

3 A 사람들은 네가 옳지 않다고 생각해.
   B Do I look like I _____ what people think?
       내가 다른 사람들 생각에 신경 쓰는 것처럼 보여?

4 A How do you _____ so much?
       어떻게 그렇게 많은 일을 해내세요?
   B 제가 복 받은 거겠죠.

5 A I have to _____ today. 나 오늘 수업 빼먹어야 해.
   B 너 그러다가 짤린다.

6 A I _____ to see them tonight.
       오늘 밤에 걔네들 만나기로 약속했어.
   B 걔네들이 누군데?

7 A 난 이번에는 좀 빼 줘.
   B It's _____. 그건 규칙에 어긋나는 거야.

8 A I wonder if they'll find this _____.
       걔들이 이걸 재미있어 할까 모르겠네.
   B 난 120% 확신해.

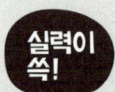

I knew you would see its possibilities.
네가 그 가능성을 보게 될 거라는 거, 나 알고 있었어.

이 문장에서 would는 will의 과거형입니다. I know you will see its possibilities.가 과거시제가 되면서 will도 과거시제인 would로 바뀌게 된 것이랍니다.

STEP 4 마무리

TEST 1 우리말 표현을 영어로 써 보세요.

생각에 잠긴	집에서 교육하다	약속하다
반응	~을 반납하다	~을 신경 쓰다
규칙에 어긋나는	가능성	~을 에스코트하다
동네북	수업을 빼먹다	집중하다
성취하다, 해내다	재미있는	당혹스러운, 어색한

TEST 2 우리말 표현에 맞게 동사 변화를 주세요.

집에서 교육하다		집에서 교육했다	
~을 신경 쓰다		~을 신경 썼다	
성취하다, 해내다		성취했다, 해냈다	
수업을 빼먹다		수업을 빼먹었다	
약속하다		약속했다	
집중하다		집중했다	
~을 반납하다		~을 반납했다	

수업(class)과 관련된 표현이 은근히 또 많아요. 이 기회에 한번 싹 정리합니다.
have a class 수업이 있다   take a class 수업을 듣다(수강하다)
be in class 수업 중이다   cancel a class 휴강하다

STEP 1 문장 쓰윽 보고 듣기

영어 문장과 우리말 해석을 편안한 마음으로 한 번만 읽어 본 후 쓰윽 들어보세요.

UNIT 15

211 **Why should I waste my time / listening to you?**
내가 왜 시간 낭비해야 해 / 네 이야기를 들으면서?

212 **What on earth is going on?**
도대체 지금 무슨 일이야?

213 **I just overslept.**
그냥 늦잠을 좀 잤어.

214 **I really can't pinpoint the time.**
시간은 정확히 말할 수가 없어.

215 **I have to get back into my meeting.**
다시 회의에 들어가 봐야 해.

216 **Can I get a ruling?**
내가 판결을 얻을 수 있을까? (= 어떻게 하는 게 옳을지 판결을 좀 내려 줄래?)

217 **I'm not completely innocent / in all of this.**
내가 완전히 떳떳하다고 볼 수는 없지 / 이 모든 일에서.

218 **You're not like her usual friends.**
너는 그녀의 보통 친구들과는 달라.

219 **You've been hanging out with her?**
너 지금까지 그녀와 함께 시간을 보낸 거야?

220 **You seem distracted.**
너 지금 정신이 산만한 것 같아.

221 **I told you / I needed space.**
내가 말했잖아 / 혼자 생각할 시간이 필요하다고.

222 **It's frustrating.**
정말 짜증나고 좌절스럽다.

223 **Am I making myself clear?**
내 말 알아듣겠어?

224 **The climate here is warm enough.**
여기 기후는 아주 따뜻하고 좋아.

225 **Who is responsible for that?**
그건 누구 책임이야?

STEP 2 차곡차곡 어휘 쌓기

단어와 뜻을 크게 읽으면서 영어 단어를 정성스레 써 보세요.

waste
~을 낭비하다 (waste–wasted–wasted)
▶ 주로 시간, 돈 낭비에 쓰임

on earth
도대체   ▶ 의문문을 강조하여 쓰임

oversleep
늦잠을 자다 (oversleep–overslept–overslept)

pinpoint
정확히 찾아내다, 정확히 기술하다
(pinpoint–pinpointed–pinpointed)

get back into
~에 다시 들어가다 (get–got–got[ten])

ruling
판결

innocent
결백한, 떳떳한

usual
보통의, 평상시의

hang out with
~와 어울려 다니며 시간을 보내다
(hang–hung–hung)

distracted
정신이 산만한 상태인

space
혼자 생각할 수 있는 시간이나 자유

frustrating
좌절시키는, 짜증나게 만드는

make oneself clear
남이 알아듣게 분명히 말하다 (make–made–made)

climate
기후

responsible
책임 있는
▶ 뒤에 〈for+책임져야 할 대상〉이 옴

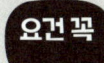 **Am I making myself clear? = 내 말 알아듣겠어?**
비슷한 Do you understand?는 '상대의 이해력'을 위주로 묻는데, 위의 문장은 '나의 전달력'을 위주로 물어요. 후자가 상대에게 부담 안 주면서 "내 말 알아 듣겠어?"의 의미를 전합니다.

UNIT 15

STEP 3 실제론 요래 쓰여요!

우리말의 색깔 부분에 해당하는 영어 표현을 써 보세요. 정답과 영어 표현은 p.201.

1. A Why should I _____ my time listening to you?
   내가 왜 네 이야기를 들으면서 시간 낭비해야 해?
   B 뭐라고? 다시 한 번 말해 봐.

2. A I just _____. 그냥 늦잠을 좀 잤어.
   B 맨날 그 소리야.

3. A 언제 있었던 일이야?
   B I really can't _____ time. 시간은 정확히 말할 수가 없어.

4. A I have to _____ my meeting.
   다시 회의에 들어가 봐야 해.
   B 나중에 다시 얘기해.

5. A Can I get a _____?
   어떻게 하는 게 옳을지 판결 좀 내려 줄래?
   B 네가 알아서 결정해.

6. A You're not like her _____ friends.
   너는 걔 보통 친구들과는 달라.
   B 어떻게 다른데?

7. A You seem _____. 너 지금 정신이 산만한 것 같아.
   B 난 늘 이래.

8. A I told you I needed _____.
   혼자 생각할 시간이 필요하다고 말했잖아.
   B 난 너와 같이 있고 싶다고 했잖아.

You seem distracted. = 너 지금 정신이 산만한 것 같아.

distract는 '~의 정신을 산만하게 하다'이고 distracted는 '어떤 요소로 인해 정신이 산만해진'이에요. 보통 동사에 -ed를 붙여 만드는 이것을 과거분사라고 합니다. 과거분사는 절대 과거에 관련된 것이 아니라 I, 타인이나 환경에 영향을 받은 어떤 상태에 처해질 때 2. 어느 정도 지속적인 행위나 상태를 나타낼 때 쓰죠. 그래서 <be동사+과거분사>는 수동태가 되고, <have+과거분사>는 현재완료로 과거부터 현재까지 지속된 행위 또는 상태를 나타냅니다.

STEP 4 마무리

TEST 1 우리말 표현을 영어로 써 보세요.

기후	보통의, 평상시의	도대체

좌절시키는, 짜증나게 만드는	~을 낭비하다	판결

정신이 산만한 상태인	책임 있는	늦잠을 자다

남이 알아듣게 분명히 말하다	~에 다시 들어가다	~와 어울려 다니며 시간을 보내다

혼자 생각할 수 있는 시간이나 자유	정확히 찾아내다, 정확히 기술하다	결백한, 떳떳한

TEST 2 우리말 표현에 맞게 동사 변화를 주세요.

~을 낭비하다		~을 낭비했다	
늦잠을 자다		늦잠을 잤다	
정확히 기술하다		정확히 기술했다	
~에 다시 들어가다		~에 다시 들어갔다	
~와 어울려 다니며 시간을 보내다		~와 어울려 다니며 시간을 보냈다	
남이 알아듣게 분명히 말하다		남이 알아듣게 분명히 말했다	

기온, 비, 눈, 바람 따위의 대기(大氣) 상태는 '기후'라고 하고요, 영어로는 climate입니다. 그날그날의 비, 구름, 바람, 기온 따위가 나타나는 기상 상태는 '날씨'라고 하며 weather라고 합니다. 그래서 '일기예보'는 weather forecast고요, '해양성 기후'는 oceanic climate라고 하지요.

UNIT 15

REVIEW
UNIT 11-15

확인학습 다음 우리말 문장을 영어로 쓰세요.

다음 문장의 빈칸에 들어갈 알맞은 표현을 쓰세요.

STEP 1의 번호

1 Do you f_____ a coffee? 커피 한잔 할래? | 156
2 I think you may be a b_____ lyricist. | 158
   내 생각인데, 당신은 천부적인 작사가인 것 같아.
3 It's a h_____ I have. 내 예감이 그래. | 151
4 I'm terribly sorry to b_____ like this. | 159
   이렇게 불쑥 들어와서 정말 죄송합니다.
5 Have I come a_____? 내가 지금 불편한 시간에 온 거야? | 169
6 I have a pretty good m_____ for faces. 나 정말 사람 얼굴 기억 잘해. | 171
7 I'm never g_____ you. 당신하고는 절대 데이트 안 해. | 176
8 Because of the rain, I couldn't get there i_____. | 168
   비 때문에 시간에 맞춰서 거기에 도착할 수가 없었어.
9 I thought you had to t_____ today. 너 오늘 개인지도 있지 않아? | 182
10 I don't want you to f_____ me. | 195
   난 네가 나를 불쌍하게 생각하는 거 싫어.
11 I'll m_____ you. 그 일은 내가 보상할게. | 191
12 You sound o_____. 목소리가 숨이 차네. | 184
13 I have to c_____ today. 나 오늘은 수업 빼먹어야 해. | 200
14 I was so e_____. 얼마나 당혹스럽던지. | 202
15 It's a_____. 그건 규칙에 어긋나는 거야. | 203
16 Let's just c_____ on it. 우린 그냥 거기에만 집중하자. | 205
17 I just wanted to test your r_____. | 208
   그냥 당신의 반응을 테스트해 보고 싶었어요.
18 I told you I needed s_____. 내가 말했잖아, 혼자 생각할 시간이 필요하다고. | 221
19 Who is r_____ for that? 그건 누구 책임이야? | 225
20 The c_____ here is warm enough. 여기 기후는 아주 따뜻하고 좋아. | 224
21 Why should I w_____ my time listening to you? | 211
   내가 왜 네 이야기를 들으면서 시간 낭비해야 해?

다음 뜻에 해당하는 영어 단어를 쓰세요.

생각에 잠긴	집에서 교육하다	약속하다
성취하다, 해내다	재미있는	당혹스러운, 어색한
소식, 발표	대단히 흥미로운, 흥미를 자극하는	예감
장점, 힘	~을 원하다, ~을 하고 싶어 하다	불쑥 들어오다
기억	퇴근하다	성공하다
시간에 맞춰, 늦지 않게	동의하지 않다	(자동차의) 백미러
조심스러운, 주의 깊은	방해하다	~을 깨끗이 치우다
보통은, 보통 때는	~의 도중에, ~의 중간에	적절하지 않은 시간에, 불편한 시간에
온라인 상태인, 채팅 창에 올라와 있는	개인지도를 하다	~을 불쌍하게[안쓰럽게] 생각하다
정신이 산만한 상태인	책임 있는	늦잠을 자다
~하는 도중에 잘 해결되지 않고 막히다	~에게 보상하다	숨이 찬
감각이 없는, 무감각한	~을 구글 검색하다	A를 당연시하다
기후	보통의, 평상시의	도대체
혼자 생각할 수 있는 시간이나 자유	정확히 찾아내다, 정확히 기술하다	결백한, 떳떳한
규칙에 어긋나는	가능성	~을 에스코트하다

STEP 1 문장 쓰윽 보고 듣기

영어 문장과 우리말 해석을 편안한 마음으로 한 번만 읽어 본 후 쓰윽 들어보세요.

UNIT 16

226 You're **having a sale**.
 세일하시는군요.

227 I'd **snap** it **up** / if I were you.
 냉큼 사겠어요 / 저 같으면.

228 How would you like to **pay**?
 어떻게 지불하시겠어요?

229 He was **pulling a face**.
 걔 얼굴이 일그러지던 걸.

230 We're not supposed to **reserve** sale stock.
 아직 판매되지 않은 세일 품목을 따로 보관해 두면 안 돼요.

231 I'm **leaning** / **toward** English.
 난 지금 관심이 기울고 있어 / 영어 쪽으로.

232 I'm not that **notable**.
 내가 그렇게까지 눈에 띄는 존재는 아니니까.

233 I'm a bit **tied up** / here.
 내가 좀 바빠 / 여기에서는.

234 I'll **pay** you **back**.
 내가 꼭 갚을게.

235 I'm up to my **limit**.
 한도까지 다 썼어.

236 She must be a **stylish** lady.
 그 분, 유행에 정말 민감한 분인가 보네요.

237 That's **a lot of money** / for a scarf.
 정말 큰 돈인데 / 스카프 하나 가격으로는.

238 I don't want / my shirt **smelling of** smoke.
 난 싫어 / 내 셔츠에서 담배 냄새 나는 거.

239 Pay me back / when you're **in the black**.
 갚아 / 나중에 돈 있을 때.

240 It's the most **ridiculous** idea / I've ever heard.
 가장 말도 안 되는 생각이야 / 내가 지금까지 들어본 중에. (= 그렇게 말도 안 되는 걸 들어본 적이 없어.)

STEP 2 차곡차곡 어휘 쌓기

단어와 뜻을 크게 읽으면서 영어 단어를 정성스레 써 보세요.

have a sale
세일하다 (have–had–had)

snap something up
뭔가를 덥석 사다
(snap–snapped–snapped)

pay
돈을 지불하다 (pay–paid–paid)

pull a face
얼굴을 일그러뜨리다 (pull–pulled–pulled)

reserve
따로 남겨두다 (reserve–reserved–reserved)

lean toward
관심이 ~쪽으로 기울다 (lean–leaned–leaned)

notable
눈에 띄는, 주목할 만한

tied up
바쁜

pay back
돈을 갚다 (pay–paid–paid)

limit
한도, 한계

stylish
유행에 민감한

a lot of money
큰 돈

smell of
~의 냄새가 나다 (smell–smelled–smelled)

in the black
흑자 상태인, 돈이 있는
▶ 반의어는 in the red

ridiculous
터무니 없는, 말도 안 되는

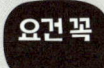

Pay me back when you're in the black. = 나중에 돈 있을 때 갚아.
가장 이상적인 채권자의 자세가 아닐까 싶네요. 우리말의 '흑자', '적자'를 영어로 surplus, deficit이라고 하지만 in the black, in the red처럼 표현하기도 합니다.

UNIT 16

STEP 3 실제론 요래 쓰여요!

우리말의 색깔 부분에 해당하는 영어 표현을 써 보세요. 정답과 영어 표현은 p.201.

1. A 나 이거 사야 해?
   B I'd _____ it _____ if I were you.
   저 같으면 냉큼 사겠어요.

2. A How would you like to _____?
   어떻게 지불하시겠어요?
   B 제가 깜빡하고 지갑을 집에 두고 왔네요.

3. A He was _____. 걔 얼굴이 일그러지던 걸.
   B 당연하지.

4. A 내일까지 좀 따로 보관해 두면 안 돼요?
   B We're not supposed to _____ sale stock.
   아직 판매되지 않은 세일 품목을 따로 보관해 두면 안 돼요.

5. A 어떤 외국어를 공부할래?
   B I'm _____ English. 난 관심이 영어 쪽으로 기울고 있어.

6. A I'll _____ you _____. 내가 꼭 갚을게.
   B 그럴 필요 없어.

7. A 카드가 안 돼?
   B I'm up to my _____. 한도까지 다 썼어.

8. A That's _____ for a scarf.
   스카프 한 장 가격으로는 정말 큰 돈인데.
   B 그녀가 스카프를 워낙 좋아해서 말이야.

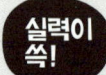

I'd snap it up if I were you. 저 같으면 냉큼 사겠어요.
지금 당장 이루어질 가능성이 희박한 걸 가정해서 '만일 ~라면'이라고 하고 싶을 때는 <If+주어+과거동사(be동사의 경우 주어 상관없이 were) ~, 주어+would/could+동사원형 ~>으로 표현합니다. '내가 당신이라면'은 '내가 너의 입장이라면'과 같은 말이죠. 앞으로는 몰라도 지금 당장은 내가 너의 입장이 될 수 없기 때문에 이렇게 if I were you라고 표현했어요. I'd의 'd는 would의 축약형입니다.

STEP 4 마무리

TEST 1 우리말 표현을 영어로 써 보세요.

한도, 한계	세일하다	따로 남겨두다
큰 돈	터무니 없는, 말도 안 되는	뭔가를 덥석 사다
눈에 띄는, 주목할 만한	~의 냄새가 나다	돈을 지불하다
유행에 민감한	흑자 상태인, 돈이 있는	바쁜
얼굴을 일그러뜨리다	관심이 ~쪽으로 기울다	돈을 갚다

TEST 2 우리말 표현에 맞게 동사 변화를 주세요.

세일하다		세일했다	
뭔가를 덥석 사다		뭔가를 덥석 샀다	
얼굴을 일그러뜨리다		얼굴을 일그러뜨렸다	
따로 남겨두다		따로 남겨뒀다	
관심이 ~쪽으로 기울다		관심이 ~쪽으로 기울었다	
돈을 갚다		돈을 갚았다	
~의 냄새가 나다		~의 냄새가 났다	

face와 관련해 실생활에서 많이 쓰이는 표현을 알아봅시다.
lose face: 얼굴을 잃다? → '체면을 구기다'의 뜻이에요.
save one's face: lose face와 반대말로 '체면을 세우다'의 뜻이죠.
face value: 액면가   long face: 시무룩하고 침통한 얼굴   baby face: 동안

UNIT 16

STEP 1 문장 쓰윽 보고 듣기

영어 문장과 우리말 해석을 편안한 마음으로 한 번만 읽어 본 후 쓰윽 들어보세요.

UNIT 17

241 My parents **are on** me / to get married.
부모님이 나한테 성화야 / 결혼하라고.

242 It's an **honor** / to meet you.
영광입니다 / 이렇게 만나 뵙게 되어서.

243 He's **obsessed** with computers.
그는 늘 컴퓨터 생각만 해.

244 She's a **leading** financial journalist.
그녀는 최고의 경제부 기자야.

245 I don't want to **talk shop**.
나 일 얘기는 하고 싶지 않아.

246 I got it / last week / **in the sale**.
그거 샀어 / 지난 주에 / 세일할 때.

247 The price **includes** breakfast.
그 가격에 조식이 포함되어 있습니다.

248 How was the **housewarming party**?
집들이는 어땠어?

249 The coffee is **lukewarm**.
커피가 미지근하네.

250 It'll **ruin** your appetite.
(잘못하면) 그것 때문에 식욕 떨어질 거야.

251 Are you aware / of anyone **bullying** her?
너 알고 있어 / 그녀를 괴롭히는 애가 누군지?

252 I've heard / him say **unkind** things / to her.
나 들은 적 있어 / 걔가 불쾌한 말 하는 걸 / 그녀에게.

253 Keep it / **as long as** you like.
그거 가지고 있어 / 네가 원하는 만큼 오래.

254 We **email** / sometimes.
우린 이메일 주고받아 / 가끔가다.

255 You **control** everything / from the screen.
모든 걸 조정하네 / 화면상에서.

STEP 2 차곡차곡 어휘 쌓기

단어와 뜻을 크게 읽으면서 영어 단어를 정성스레 써 보세요.

be on
~에게 계속 잔소리를 하다
▶ 잔소리의 내용은 〈to+동사원형〉으로 표현

honor
영광, 명예

obsessed
집착하는, 늘 어떤 생각만 하는

leading
선두의, 가장 중요한

talk shop
일 얘기를 하다 (talk-talked-talked)

in the sale
세일할 때

include
~을 포함하다 (include-included-included)

housewarming party
집들이

lukewarm
온도가 미지근한

ruin
~을 망치다, ~을 엉망으로 만들다
(ruin-ruined-ruined)

bully
약자를 괴롭히다 (bully-bullied-bullied)

unkind
불쾌한

as long as
~만큼 오래

email
이메일을 하다 (email-emailed-emailed)

control
~을 조정하다, ~을 조절하다
(control-controlled-controlled)

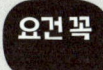 **My parents are on me to get married.** = 부모님이 결혼하라고 나한테 성화야.
간단한 단어들로 돼 있지만 언뜻 봤을 때 무슨 뜻인지 전혀 감이 안 잡히는 표현이죠. 어른들이 아랫사람에게 '~해라, ~하지 마라'라고 성화를 부린다고 할 때 이렇게 be on으로 표현하면 아주 그만입니다.

UNIT 17

STEP 3 실제론 요래 쓰여요!

우리말의 색깔 부분에 해당하는 영어 표현을 써 보세요. 정답과 영어 표현은 p.202.

1. A My parents _____ me to get married.
   부모님이 결혼하라고 성화야.
   B 그래서 결혼하게?

2. A He's _____ with computers.
   걔는 늘 컴퓨터 생각만 해.
   B 컴퓨터광이잖아.

3. A She's a _____ financial journalist.
   그녀야말로 최고의 경제부 기자야.
   B 나도 그녀처럼 되고 싶어.

4. A 작년도 영업 실적이 얼마나 돼?
   B I don't want to _____. 일 얘기는 하고 싶지 않다.

5. A I got it last week _____. 그거 지난 주에 세일할 때 샀어.
   B 웬 우연의 일치?

6. A How was the _____? 집들이 어땠어?
   B 나 파티에 못 갔어.

7. A The coffee is _____. 커피가 미지근하네.
   B 더 뜨겁게 해줄게.

8. A It'll _____ your appetite.
   잘못하면 그것 때문에 식욕 떨어질 거야.
   B 그런 걱정하지 마.

 영어 문장을 읽다 보면 참 많이 나오는 구조 중에 하나가 바로 <hear/see+A+동사원형>입니다. 'A가 ~하는 걸 듣다/보다'의 뜻이죠. 동사원형 자리에 <to+동사원형>을 쓰지 않도록 주의하세요. 동사원형 대신 '동사-ing'형을 대신 쓰기도 하는데, 이때는 동작을 하는 그 순간에 캐치해서 듣거나 보는 걸 생생하게 전달하는 느낌입니다.

STEP 4 마무리

TEST 1 우리말 표현을 영어로 써 보세요.

영광, 영예	세일할 때	약자를 괴롭히다
~만큼 오래	~에게 계속 잔소리를 하다	선두의, 가장 중요한
집들이	~을 조정하다, ~을 조절하다	불쾌한
온도가 미지근한	집착하는, 늘 어떤 생각만 하는	~을 망치다, ~을 엉망으로 만들다
이메일을 하다	일 얘기를 하다	~을 포함하다

TEST 2 우리말 표현에 맞게 동사 변화를 주세요.

일 얘기를 하다		일 얘기를 했다	
~을 포함하다		~을 포함했다	
~을 망치다		~을 망쳤다	
약자를 괴롭히다		약자를 괴롭혔다	
이메일을 하다		이메일을 했다	
~을 조정하다, ~을 조절하다		~을 조정했다, ~을 조절했다	

kind는 '친절한'이지만 unkind는 '불친절한'이 아니라 '불쾌한'입니다. 이렇듯 반의어 같지만 반의어가 아닌 다른 뜻을 나타내는 단어들이 영어에는 몇 개 있답니다. 그 중 하나가 easy(쉬운)-uneasy(불안한)입니다. '쉬운'의 반의어는 '어려운'으로 difficult이고요, uneasy는 '안 쉬운'이 아니라 '불안한'의 의미입니다.

STEP 1   문장 쓰윽 보고 듣기

UNIT 18

영어 문장과 우리말 해석을 편안한 마음으로 한 번만 읽어 본 후 쓰윽 들어보세요.

☐ ☐ ☐ ☐ ☐

256 I'll **make a note of** it.
그거 메모해 놓을게.

257 I'm not **interfering**.
난 참견하지 않을게.

258 Word **gets around**.
소문은 퍼지는 거야.

259 Can I give you a **lift**?
차 태워 줄까?

260 Where **are** you **off to**?
너 어디 가는 거야?

261 **Take a right** / at the first corner.
우회전해 / 첫 번째 코너에서.

262 If it hurts too much, / you **punch** me / in the face.
너무 아프면 / 주먹으로 쳐 / 내 얼굴을.

263 The key's / in the **ignition**.
열쇠가 있어 / 점화 장치에. (= 열쇠가 차에 꽂혀 있어.)

264 **Zip** it **shut**.
지퍼 꽉 채워.

265 **Start** her **up**.
자동차 시동을 걸어 봐.

266 My mom was **getting on my nerves**.
엄마가 자꾸 짜증나게 했거든.

267 I was just **walking by** / and saw you outside.
그냥 지나가다가 / 네가 밖에 있는 걸 봤어.

268 He's **checking** you **out**.
저 사람이 계속 너를 쳐다보네.

269 I **emptied** my coffee / in the sink.
난 커피를 비워 버렸어 / 싱크대에다.

270 I'm **in bad shape**.
나 지금 몸 상태가 영 안 좋아.

STEP 2 차곡차곡 어휘 쌓기

단어와 뜻을 크게 읽으면서 영어 단어를 정성스레 써 보세요.

make a note of
~을 메모해 놓다, ~을 적어놓다
(make–made–made)

interfere
참견하다, 간섭하다
(interfere–interfered–interfered)

get around
여기저기 돌아다니다 (get–got–got[ten])

lift
차에 태워 주기

be off to
~에 가다

take a right
우회전하다 (take–took–taken)

punch
주먹으로 치다 (punch–punched–punched)

ignition
점화 장치

zip shut
~을 지퍼로 채우다 (zip–zipped–zipped)

start up
시동을 걸다 (start–started–started)

get on one's nerves
신경을 건드리다 (get–got–got[ten])

walk by
걸어서 지나가다 (walk–walked–walked)

check out
흥미로워서 ~을 살펴보다
(check–checked–checked)

empty
그릇이나 컵에 든 것을 비우다
(empty–emptied–emptied)

in bad shape
몸 상태가 나쁜

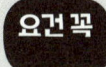 **Where are you off to? = 너 어디 가는 거야?**
be동사에 여러 뜻이 있는데, 여기서는 go의 의미죠. off는 '붙어 있던 곳에서 떨어져 나간'이고, to는 '~로', '~의 목적지를 향해서'의 뜻이고요. 그래서 be off to ~가 '~로 가다'의 뜻을 갖게 됩니다.

UNIT 18

STEP 3   실제론 요래 쓰여요!

우리말의 색깔 부분에 해당하는 영어 표현을 써 보세요. 정답과 영어 표현은 p.202.

1   A 너 이 약속 어기면 안 돼.
    B I'll _____ it. 메모해 놓을게.

2   A 걔가 어떻게 알았을까?
    B Word _____. 소문은 퍼지는 거야.

3   A Can I give you a _____? 차 태워 줄까?
    B 내 차 다 고쳤어.

4   A _____ at the first corner. 첫 번째 코너에서 우회전해.
    B 나 차선 못 바꾸겠어.

5   A If it hurts too much, you _____ me in the face. 너무 아프면 주먹으로 내 얼굴을 쳐.
    B 어떻게 그러냐?

6   A _____ her _____.
       자동차 시동을 걸어 봐.
    B 안 걸려.

7   A My mom was _____.
       엄마가 자꾸 짜증나게 했어요
    B 엄마를 그런 식으로 말하지 마.

8   A He's _____ you _____.
       저 사람이 계속 너 쳐다보네.
    B 정말 싫어.

Start her up. 자동차 시동을 걸어 봐.
어! 문장 뜻만 보면 her가 자동차라는 의미인데, 왜 it이 아니라 her라고 받죠? 사실, 영어는 물질 명사의 성가 구분된 언어는 아니지만 몇 단어의 경우 대명사로 받을 때 여성형인 she나 her로 받습니다. 그 대표적인 것이 자동차, 배(ship, boat), 기차(train), 비행기(airplane) 등입니다.

STEP 4 마무리

TEST 1   우리말 표현을 영어로 써 보세요.

시동을 걸다

차에 태워 주기

우회전하다

흥미로워서 ~을 살펴보다

몸 상태가 나쁜

~을 메모해 놓다, ~을 적어 놓다

주먹으로 치다

걸어서 지나가다

점화 장치

참견하다, 간섭하다

~을 지퍼로 채우다

그릇이나 컵에 든 것을 비우다

여기저기 돌아다니다

~에 가다

신경을 건드리다

TEST 2   우리말 표현에 맞게 동사 변화를 주세요.

우리말	현재	우리말	과거
~을 메모해 놓다		~을 메모해 놓았다	
여기저기 돌아다니다		여기저기 돌아다녔다	
~을 지퍼로 채우다		~을 지퍼로 채웠다	
시동을 걸다		시동을 걸었다	
신경을 건드리다		신경을 건드렸다	
걸어서 지나가다		걸어서 지나갔다	
흥미로워서 ~을 살펴보다		흥미로워서 ~을 살펴봤다	

check out은 '호텔 등의 숙박 업소에서 돈을 지불하고 나가는 것', '도서관 등에서 책을 대출받는 것'으로 많이 알고 있지만, 이렇게 뭔가 흥미로운 구석이 있어서 '살펴보는 것'의 의미도 있습니다. 이 모두는 문맥을 읽고 확인해야 정확히 알 수 있습니다.

UNIT 18

STEP 1 문장 쓰윽 보고 듣기

영어 문장과 우리말 해석을 편안한 마음으로 한 번만 읽어 본 후 쓰윽 들어보세요.

UNIT 19

271 Let's **play it by ear**.
그냥 상황 봐 가면서 하자.

272 Just / **laugh** it **off**.
그냥 / 웃어 넘겨.

273 I have **a splitting headache**.
머리가 깨질 듯이 아파.

274 Are you calling me **abnormal**?
너 지금 내가 비정상적이라는 거야?

275 **Search** me.
날 찾아봐. (= 낸들 아나? 내가 알 턱이 있나.)

276 I have ten more pages / **to go**.
열 페이지야 / 남아 있는 게. (= 다 읽으려면 열 페이지 남았어.)

277 You're **no fun**.
너 진짜 재미없는 애야.

278 **Stick to** your idea.
그 생각 포기하지 말고 끝까지 밀고 나가.

279 It's **as easy as falling off a log**.
그거 정말 식은 죽 먹기야.

280 Can you **play** me your guitar?
나에게 기타 연주 좀 해 줄 수 있어?

281 **Stay away from** him.
걔 가까이 하지 마.

282 You're **violent**.
넌 평소에도 폭력적이야.

283 I **expect** / you to **disqualify** her.
난 기대하는데 / 당신이 그녀의 자격을 박탈시키기를. (= 당신, 그녀의 자격을 박탈해야 하는 거 아니에요?)

284 What kind of mother **abandons** her child?
어떤 엄마가 자기 아이를 버려? (= 세상에 자기 아이를 버리는 엄마가 어딨어?)

285 It was an **accident**.
그건 우연한 사고였어요.

STEP 2 차곡차곡 어휘 쌓기

단어와 뜻을 크게 읽으면서 영어 단어를 정성스레 써 보세요.

play it by ear
사전 계획 없이 상황 봐 가며 하다
(play–played–played)

laugh off
~을 웃음으로 넘기다 (laugh–laughed–laughed)

a splitting headache
머리가 깨질 것 같은 두통

abnormal
비정상적인

search
찾다, 뒤지다 (search–searched–searched)

to go
남아 있는

no fun
재미없는 사람

stick to
~을 고수하다, 계속 밀고 나가다
(stick–stuck–stuck)

as easy as falling off a log
아주 쉬운, 식은 죽 먹기인

play
연주하다, 연주해 주다 (play–played–played)

stay away from
~을 가까이 하지 않다 (stay–stayed–stayed)

violent
폭력적인

disqualify
자격을 박탈하다
(disqualify–disqualified–disqualified)

abandon
~을 버리고 떠나다
(abandon–abandoned–abandoned)

accident
우연한 사고

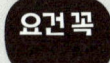

Search me. = 낸들 아나? 내가 알 턱이 있나.
직역하면 '날 뒤져봐.'입니다. 날 뒤져서 탈탈 털어봐야 내가 숨기는 건 하나도 없으니 털 테면 털어보라는 느낌입니다. 결국 "난 전혀 모르겠다."를 속어적으로 표현하는 말입니다.

UNIT 19

STEP 3 실제론 요래 쓰여요!

우리말의 색깔 부분에 해당하는 영어 표현을 써 보세요. 정답과 영어 표현은 p.203.

1 A 뭐 먹고 싶은 거 있어?
   B Let's _____. 그냥 상황 봐 가면서 하자.

2 A 정말 열 받네.
   B Just _____ it _____. 그냥 웃어 넘겨.

3 A Are you calling me _____?
     너 지금 내가 비정상적이라는 거야?
   B 나 그렇게 말하지 않았어.

4 A 그 책 다 읽었니?
   B I have ten more pages _____.
     다 읽으려면 10페이지 남았어.

5 A 넌 날 어떻게 생각해?
   B You're _____. 너 진짜 재미 없는 애야.

6 A 나 요리사 될 거야.
   B _____ your idea.
     그 생각 끝까지 밀고 나가.

7 A It's _____. 그거 정말 식은 죽 먹기야.
   B 그렇지 않은 것 같은데.

8 A _____ him. 걔 가까이 하지 마.
   B 그렇게 말하는 이유가 뭐야?

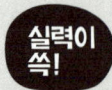 실력이 쏙!
What kind of mother **abandons** her child? 어떤 엄마가 자기 아이를 버려?
이건 아이를 버리는 엄마는 어떤 엄마인지 궁금해서 물어보는 문장이 아닙니다. '자기 아기를 버리는 엄마가 어디 있겠냐?'의 뜻으로 강한 진술을 이끌어내는 데 영어에서는 이런 문장을 수사의문문이라고 합니다.

STEP 4 마무리

TEST 1 우리말 표현을 영어로 써 보세요.

재미 없는 사람	비정상적인	~을 가까이 하지 않다
우연한 사고	사전 계획 없이 상황 봐 가며 하다	아주 쉬운, 식은 죽 먹기인
자격을 박탈하다	~을 웃음으로 넘기다	찾다, 뒤지다
~을 고수하다, 계속 밀고 나가다	~을 버리고 떠나다	머리가 깨질 것 같은 두통
폭력적인	연주하다, 연주해 주다	남아 있는

TEST 2 우리말 표현에 맞게 동사 변화를 주세요.

상황 봐 가며 하다		상황 봐 가며 했다	
~을 웃음으로 넘기다		~을 웃음으로 넘겼다	
찾다, 뒤지다		찾았다, 뒤졌다	
~을 고수하다		~을 고수했다	
~을 가까이 하지 않다		~을 가까이 하지 않았다	
자격을 박탈하다		자격을 박탈했다	
버리고 떠나다		버리고 떠났다	

알쏭달쏭 아!

fun과 funny, 별 거 아닌 것 같은 이 단어가 은근 헷갈립니다. 이번 기회에 확실히 알아두세요. fun은 '재미', '재미있는'의 뜻입니다. 아, 장난 삼아 해 보다의 '장난'의 뜻도 있죠. 이 fun에 -ny가 붙은 funny는 '웃기는, 우스운'의 뜻입니다. 놀이기구를 타는 건 '재미있는' 거지 '우스운' 게 아니죠? 이렇듯 의미, 뉘앙스가 다르므로 구별해서 사용해야 합니다.

UNIT 19

STEP 1 문장 쓰윽 보고 듣기

영어 문장과 우리말 해석을 편안한 마음으로 한 번만 읽어 본 후 쓰윽 들어보세요.

UNIT 20

286 **He dropped the charges / against her.**
그는 고소를 취하했어 / 그녀에게 했던 것 말이야.

287 **You fill out a survey.**
설문에 응하도록 해.

288 **I'm gonna hold on to it / for a while.**
내가 그거 맡아 줄게 / 잠깐.

289 **You should keep quiet.**
비밀 지키는 게 좋을 거다.

290 **Your report is due / tomorrow.**
네 보고서 제출해야 해 / 내일까지.

291 **We'll take turns at cooking.**
우리 요리는 번갈아 가면서 하는 거다.

292 **I'm sure / you've heard of him.**
난 확신해 / 네가 그 사람에 대해서 얘기 들어본 것. (= 너 그 사람에 대해 얘기 들어봤지?)

293 **I don't have a lot of time to spare.**
내가 지금 짬 낼 틈이 많지가 않아.

294 **You deserve a raise.**
넌 월급 인상 받을 만한 자격 있어.

295 **You're one hell of a secretary.**
너야말로 아주 대단한 비서지.

296 **It's bad / for your reputation.**
그건 흠이 돼 / 네 명성에.

297 **She's a bad influence / on you.**
걔가 나쁜 영향을 주잖아 / 너한테.

298 **You stay out of trouble.**
너 문제에서 떨어져 있는 거다. (= 너 절대 말썽 부리지 마.)

299 **It's a family tradition.**
그게 집안의 전통인걸.

300 **I had a change of plans.**
계획이 좀 바뀌었어.

STEP 2 차곡차곡 어휘 쌓기

단어와 뜻을 크게 읽으면서 영어 단어를 정성스레 써 보세요.

drop the charges
고소를 취하하다 (drop-dropped-dropped)
▶ 고소했던 상대방은 〈against+피고인 이름〉으로 나타냄

fill out
공란을 다 채우다 (fill-filled-filled)

hold on to
~을 맡아 주다, 보관하다 (hold-held-held)

keep quiet
계속 비밀을 지키다 (keep-kept-kept)

due
시간이 ~로 예정된

take turns at
번갈아 가면서 ~을 하다 (take-took-taken)

hear of
~에 대해 이야기 듣다 (hear-heard-heard)

time to spare
짬 낼 시간, 할애할 시간

raise
월급 인상
▶ 특이하게도 앞에 a를 씀

one hell of a
굉장한

reputation
명성

a bad influence
나쁜 영향
▶ 나쁜 영향을 받는 대상은 뒤에 〈on ~〉으로 표현

stay out of
~에 접근하지 않다 (stay-stayed-stayed)

tradition
전통

a change of plans
계획의 변화

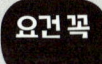 **You're one hell of a secretary.** = 너야말로 아주 대단한 비서지.
이 문장은 상황에 따라 칭찬이나 비꼼의 의미가 될 수 있어요. 유능한 비서라면 '너만한 비서가 어디 있겠냐?'의 뜻이지만, 대박 사고를 치는 비서라면 '아주 대단한 비서 납시셨네'의 의미가 됩니다.

UNIT 20

STEP 3   실제론 요래 쓰여요!

우리말의 색깔 부분에 해당하는 영어 표현을 써 보세요. 정답과 영어 표현은 p.203.

1   A   He _____ against her.
        걔가 그녀에게 했던 고소를 취하했어.
    B   왜 생각을 바꾼 거야?

2   A   You _____ a survey. 설문에 응하도록 해.
    B   이거 어제 한 건데.

3   A   I'm gonna _____ it for a while.
        내가 그거 잠깐 맡아줄게.
    B   고마워. 금방 돌아올게.

4   A   Your report is _____ tomorrow.
        네 보고서 내일까지 제출해야 해.
    B   나 이미 다 했어.

5   A   잠깐 얘기 좀 나눠도 될까?
    B   I don't have a lot of _____.
        내가 지금 짬 낼 틈이 많지가 않아.

6   A   You deserve a _____. 넌 월급 인상 받을 만한 자격 있어.
    B   아니야, 난 그럴 자격 없어.

7   A   왜 그걸 하지 말아야 하는데?
    B   It's bad for your _____. 그게 네 명성에 흠이 되니까.

8   A   너 왜 내가 걔를 그만 만났으면 하는 거야?
    B   She's _____ on you.
        걔가 너에게 나쁜 영향을 주잖아.

STEP 4 마무리

TEST 1   우리말 표현을 영어로 써 보세요.

전통	시간이 ~로 예정된	짬 낼 시간, 할애할 시간
계획의 변화	공란을 다 채우다	월급 인상
나쁜 영향	고소를 취하다	계속 비밀을 지키다
명성	~에 접근하지 않다	~을 맡아 주다, 보관하다
번갈아 가면서 ~을 하다	굉장한	~에 대해 이야기 듣다

TEST 2   우리말 표현에 맞게 동사 변화를 주세요.

고소를 취하다		고소를 취하했다	
공란을 다 채우다		공란을 다 채웠다	
~을 맡아 주다		~을 맡아 줬다	
계속 비밀을 지키다		계속 비밀을 지켰다	
번갈아 가면서 ~을 하다		번갈아 가면서 ~을 했다	
~에 대해 이야기 듣다		~에 대해 이야기 들었다	
~에 접근하지 않다		~에 접근하지 않았다	

should와 must를 같은 의미로 생각하고 마구 대체해서 쓰는 경우가 많아요. 하지만, 분명히 쓰임이 다른 단어입니다. should는 '하면 좋으니까 그렇게 해'라는 권고, 충고의 의미에 가깝고 must는 반드시 해야 한다는 강제성을 띕니다. 예를 들어, 돈을 벌면 그에 해당하는 세금을 반드시 내야 합니다. 이건 must를 써요. 하지만 건강을 위해 운동을 하면 좋겠다고 하는 건, 강압하는 게 아니라서 이 때는 should를 씁니다.

UNIT 20

REVIEW
UNIT 16-20

확인학습 다음 우리말 문장을 영어로 쓰세요.

다음 문장의 빈칸에 들어갈 알맞은 표현을 쓰세요.

STEP 1의 번호

1. I'm not that n_____. 내가 그렇게까지 눈에 띄는 존재는 아니니까. | 232
2. I don't want my shirt s_____ smoke. | 238
   난 내 셔츠에서 담배 냄새 나는 거 싫어.
3. That's a _____ for a scarf. 스카프 한 장 치고는 큰 돈인데. | 237
4. I'm a bit t_____ here. 지금 내가 여기에서는 좀 바빠. | 233
5. She's a l_____ financial journalist. 그녀는 최고의 경제부 기자야. | 244
6. I don't want to t_____. 나 일 얘기는 하고 싶지 않아. | 245
7. Are you aware of anyone b_____ her? | 251
   너 그녀를 괴롭히는 애가 누군지 알고 있어?
8. I've heard him say u_____ things to her. | 252
   나 걔가 그녀에게 불쾌한 말 하는 걸 들은 적 있어.
9. The key's in the i_____. 열쇠가 차에 꽂혀 있어. | 263
10. My mom was g_____. 엄마가 자꾸 짜증나게 했거든. | 266
11. I e_____ my coffee in the sink. 난 커피를 싱크대에 비워 버렸어. | 269
12. I was just w_____ and saw you outside. | 267
    그냥 지나가다가 네가 밖에 있는 걸 봤어.
13. Let's p_____. 그냥 상황 봐 가면서 하자. | 271
14. Just l_____ it _____. 그냥 웃어 넘겨. | 272
15. Are you calling me a_____? 너 지금 내가 비정상적이라는 거야? | 274
16. S_____ him. 걔 가까이 하지 마. | 281
17. What kind of mother a_____ her child? | 284
    어떤 엄마가 자기 아이를 버려? (= 세상에 자기 아이를 버리는 엄마가 어딨어?)
18. Your report is d_____ tomorrow. 네 보고서 내일까지 제출해야 해. | 290
19. I don't have a lot of t_____. 내가 지금 짬 낼 틈이 많지는 않아. | 293
20. She's a _____ on you. 걔가 너한테 나쁜 영향을 주잖아. | 297
21. I had a _____. 계획이 좀 바뀌었어. | 300

다음 뜻에 해당하는 영어 단어를 쓰세요.

눈에 띄는, 주목할 만한	~의 냄새가 나다	돈을 지불하다
얼굴을 일그러뜨리다	관심이 ~ 쪽으로 기울다	돈을 갚다
한도, 한계	세일하다	따로 남겨두다
영광, 영예	세일할 때	약자를 괴롭히다
집들이	~을 조정하다, ~을 조절하다	불쾌한
이메일을 하다	일 얘기를 하다	~을 포함하다
여기저기 돌아다니다	~에 가다	신경을 건드리다
주먹으로 치다	걸어서 지나가다	점화장치
시동을 걸다	차에 태워 주기	우회전하다
재미 없는 사람	비정상적인	~을 가까이 하지 않다
자격을 박탈하다	~을 웃음으로 넘기다	찾다, 뒤지다
나쁜 영향	고소를 취하하다	계속 비밀을 지키다
전통	시간이 ~로 예정된	짬 낼 시간, 할애할 시간
번갈아 가면서 ~을 하다	굉장한	~에 대해 이야기 듣다
폭력적인	연주하다, 연주해 주다	남아 있는

STEP 1 문장 쓰윽 보고 듣기

UNIT 21

영어 문장과 우리말 해석을 편안한 마음으로 한 번만 읽어 본 후 쓰윽 들어보세요.

301 **You want** / me to **fix** you **up with** her?
네가 원하는 게 / 내가 너한테 걔 소개시켜 줬으면 하는 거야?

302 **That was** / before I **got to know** him.
그거야 / 내가 걔를 잘 알게 되기 전 얘기지.

303 **I was hoping** / you could **help** me **out** / **with** this.
바라옵건대 / 저 좀 도와주셨으면 해요 / 이 일 관련해서. (= 저 이거 하는 것 좀 도와주셨으면 해서요.)

304 I **made a promise** / **to** him.
나 약속했어 / 걔한테.

305 Did he **bail on** you?
걔가 너 바람맞혔어?

306 **Put** your feelings for him **aside**.
그를 향한 네 감정은 일단 무시해.

307 She's about to **go on trial** / tomorrow.
그녀는 재판을 받을 판이야 / 이제 내일이면.

308 I have a **confession** to make.
고백할 게 있어요.

309 I would just **prefer** not to go alone.
그냥 나 혼자 가지 않을래.

310 Your credit card's been **declined**.
카드가 승인 거절되었어요.

311 You need to **activate** the card.
카드를 등록하셔야 합니다.

312 I'll just pay / with **cash**.
지불할게요 / 현금으로.

313 Don't **wait up**.
기다리지 말고 먼저 자.

314 She looks **lonely**.
그녀가 외로워 보이네.

315 You're such an **idiot**.
멍청하긴 정말.

STEP 2 차곡차곡 어휘 쌓기

단어와 뜻을 크게 읽으면서 영어 단어를 정성스레 써 보세요.

fix A up with B
A에게 B를 소개시켜 주다 (fix–fixed–fixed)

get to know
~을 잘 알게 되다 (get–got–got[ten])

help A out with B
B에 관해서 A를 도와주다 (help–helped–helped)

make a promise to
~에게 약속하다 (make–made–made)

bail on
~을 바람맞히다 (bail–bailed–bailed)

put aside
~을 무시하다, ~을 제쳐 놓다 (put–put–put)

go on trial
재판을 받다 (go–went–gone)

confession
자백, 고백 ▶ make a confession 고백하다

prefer
~을 더 원하다 (prefer–preferred–preferred)

decline
거절하다 (decline–declined–declined)

activate
(등록한 후에) 활성화시키다 (activate–activated–activated)

cash
현금

wait up
자지 않고 기다리다 (wait–waited–waited)

lonely
외로운

idiot
멍청이, 바보

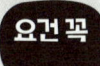 요건 꼭

You need to activate the card. = 카드를 등록하셔야 합니다.
체크카드나 신용카드를 수령하면 ARS 전화를 걸어서 등록하잖아요. (물론 2–3일 지나면 자동 등록되기도 하지요.) 이렇게 등록을 해야 카드가 활성화돼서 사용할 수 있습니다. 이걸 바로 activate라고 표현하지요.

UNIT 21

STEP 3 실제론 요래 쓰여요!

우리말의 색깔 부분에 해당하는 영어 표현을 써 보세요. 정답과 영어 표현은 p.204.

1 A You want me to _____ you _____ her? 너, 내가 너한테 걔 소개시켜 줬으면 하는 거야?
   B 이번 주말에 어때?

2 A 너 걔 싫다고 했잖아.
   B That was before I _____ him.
      그거야 내가 걔를 잘 알게 되기 전 얘기지.

3 A I _____ him. 나 걔한테 약속했어.
   B 무슨 약속?

4 A _____ your feelings for him _____.
      걔를 향한 네 감정은 일단 무시해.
   B 그게 가능할 것 같니?

5 A She's about to _____ tomorrow.
      걔 이제 내일이면 재판을 받을 판이야.
   B 어쩜 좋니.

6 A 무슨 생각을 그렇게 해?
   B I have a _____ to make. 나 고백할 게 있어.

7 A Your credit card's been _____.
      카드가 승인 거절되었어요.
   B 설마요.

8 A 카드로 내실 거예요?
   B I'll just pay with _____. 그냥 현금으로 낼게요.

실력이 쏙! I was hoping you could help me out with this.
저 이 일 좀 도와주셨으면 해서요.

이 문장을 '당신이 내가 이거 하는 걸 도와줄 수 있기를 바라고 있었어요'라고 해석하지 않기를 바랍니다. 영어에서 분명히 과거시제인데 현재의 의미로 해석해야 하는 게 몇 가지 있어요. 그 중 하나가 I was hoping ~이고요, 이 외에 대표적인 것으로 I was wondering ~ (~인지 궁금해요)가 있습니다.

STEP 4 마무리

TEST 1 우리말 표현을 영어로 써 보세요.

멍청이, 바보	~을 무시하다, ~을 제쳐 놓다	B에 관해서 A를 도와주다
자백, 고백	현금	거절하다
A에게 B를 소개시켜 주다	~에게 약속하다	외로운
(등록한 후에) 활성화시키다	~을 바람맞히다	~을 잘 알게 되다
자지 않고 기다리다	재판을 받다	~을 더 원하다

TEST 2 우리말 표현에 맞게 동사 변화를 주세요.

A에게 B를 소개시켜 주다		A에게 B를 소개시켜 줬다	
B에 관해서 A를 도와주다		B에 관해서 A를 도와줬다	
~에게 약속하다		~에게 약속했다	
~을 바람맞히다		~을 바람맞혔다	
~을 무시하다, ~을 제쳐 놓다		~을 무시했다, ~을 제쳐 놓았다	
재판을 받다		재판을 받았다	
자지 않고 기다리다		자지 않고 기다렸다	

confession은 '죄의 자백'에서부터 '그동안 남에게 말하지 못했던 수치스럽고 창피스러운 일들, 당혹스러웠던 일들에 대한 고백'을 포함합니다. 사랑하는 사람 앞에서 I have a confession to make.라고 말하면 '혹시 다른 여자나 남자가 있나?', '혹시 내게 용서받지 못할 엄청난 잘못을 저지른 게 있나?' 등의 상상을 유발하게 됩니다.

UNIT 21

STEP 1   문장 쓰윽 보고 듣기

영어 문장과 우리말 해석을 편안한 마음으로 한 번만 읽어 본 후 쓰윽 들어보세요.

316   **Glad** / you could **come aboard**.
반가워 / 같이 일하게 돼서.

317   He **blames me** / for his **downfall**.
걔는 내 탓이래 / 자기가 몰락한 게.

318   I'm **all ears**.
잘 듣고 있어. (그러니까 말해 봐.)

319   She doesn't know / what she**'s in for**.
그녀는 전혀 모르고 있어 / 곧 자신이 어떤 일을 당하게 될지.

320   He **was sentenced to** three years / for bribery.
그 사람 3년형 선고 받았어 / 뇌물수수죄로.

321   I'm **rooting for** you.
나 너 응원하고 있어. (그러니 힘 내.)

322   I want / you to be **aggressive** / now.
내가 원하는 건 / 네가 많이 적극적이면 하는 거야 / 지금.

323   I have to **work late** / tonight.
나 늦게까지 일해야 해 / 오늘 밤에는.

324   Don't **make it a habit** / **to** drink during lunch.
버릇들이지 마 / 점심 시간에 술 마시는 거.

325   **Thanks** / for the **heads-up**.
고마워 / 미리 말해 줘서.

326   There**'s more to** it.
그게 다가 아니야.

327   She**'s great** / **at** her job.
그녀는 아주 잘해 / 자기 일을.

328   She's very **cooperative**.
그녀는 아주 협조적이야.

329   I'm **dead** serious.
나 지금 정말 진지하거든.

330   It's important / to **develop** good relationships / with them.
중요하지 / 좋은 관계를 발전시키는 게 / 그 사람들과.

STEP 2 차곡차곡 어휘 쌓기

단어와 뜻을 크게 읽으면서 영어 단어를 정성스레 써 보세요.

come aboard
새로 참가하다 (come-came-come)

downfall
몰락

all ears
집중해서 듣고 있는

be in for
곧 좋지 않은 일을 당할 상황이다

be sentenced to
~형을 선고 받다

root for
~을 응원하다 (root-rooted-rooted)

aggressive
공격적인, 아주 적극적인

work late
늦게까지 일하다, 야근하다
(work-worked-worked)

make it a habit to
버릇처럼 ~을 하다 (make-made-made)
▶ to 뒤에는 '동사원형'이 옴

heads-up
경고, 경계

be more to
~에 더한 것이 있다, ~이 다가 아니다

be great at
~을 대단히 잘하다

cooperative
협조적인

dead
완전히, 몹시

develop
발전시키다 (develop-developed-developed)

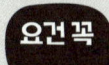

I'm **all ears**. = 잘 듣고 있어.
내 몸에 귀가 두 개 붙어 있는 게 아니라 몸 전체가 귀로 덮여 있다는 느낌의 표현입니다. 그런 상태라면 상대가 하는 말을 잘 들을 수 밖에 없겠죠. 그림이 그려지는 재미있는 표현입니다.

UNIT 22

STEP 3   실제론 요래 쓰여요!

우리말의 색깔 부분에 해당하는 영어 표현을 써 보세요. 정답과 영어 표현은 p.204.

1 A Glad you could _____. 같이 일하게 돼서 반가워.
    B 많이 도와주세요.

2 A He blames me for his _____.
       그는 자기가 몰락한 게 내 탓이라네.
    B 할 말이 없다, 할 말이.

3 A 내 말 잘 듣고 있는 거야?
    B I'm _____. 잘 듣고 있으니까 말해 봐.

4 A She doesn't know what she _____.
       그녀는 곧 자신이 어떤 일을 당하게 될지 전혀 모르고 있어.
    B 걱정 마. 내가 잘 돌봐줄게.

5 A He _____ three years for bribery.
       그는 뇌물수수죄로 3년형을 선고 받았어.
    B 그 정도로는 부족하지.

6 A I want you to be _____ now.
       난 네가 지금 많이 적극적이면 좋겠어.
    B 지금도 충분히 적극적인데.

7 A 점심 먹으면서 한잔할까?
    B Don't _____ drink during lunch.
       점심 시간에 술 마시는 거 버릇들이지 마.

8 A 걔가 어제 고백했어.
    B There _____ it. 그게 다가 아니야.

Glad you could come aboard. 같이 일하게 돼서 반가워.
배나 비행기에 올라탄 상태를 aboard라고 해요. 비행기를 타면 기장이 Welcome aboard.라고 말합니다. '우리 비행기에 타신 것을 환영합니다.'라는 의미예요. 이런 상황에서 파생되어 어떤 집단에 새로운 직원이나 회원이 들어왔을 때도 Welcome aboard를 쓰게 되고 come aboard 자체가 '합류하다', '같이 일하게 되다' 등의 의미를 갖게 되는 거예요.

STEP 4 마무리

TEST 1 우리말 표현을 영어로 써 보세요.

늦게까지 일하다, 야근하다	몰락	~형을 선고 받다
발전시키다	~에 더한 것이 있다, ~이 다가 아니다	새로 참가하다
경고, 경계	협조적인	공격적인, 아주 적극적인
집중해서 듣고 있는	완전히, 몹시	곧 좋지 않은 일을 당할 상황이다
~을 대단히 잘하다	버릇처럼 ~을 하다	~을 응원하다

TEST 2 우리말 표현에 맞게 동사 변화를 주세요.

새로 참가하다		새로 참가했다	
~을 응원하다		~을 응원했다	
늦게까지 일하다, 야근하다		늦게까지 일했다, 야근했다	
버릇처럼 ~을 하다		버릇처럼 ~을 했다	
발전시키다		발전시켰다	

단어의 형태는 같은데 형용사로 쓰일 때와 부사로 쓰일 때의 뜻이 완전히 다른 단어가 몇 개 있습니다. 어떤 것들인지 알아볼까요?

dead 형용사: 죽은   부사: 완전히, 진짜
hard 형용사: 단단한, 어려운   부사: 열심히
just: 형용사: 공정한   부사: 딱, 막, 방금, 그냥

UNIT 22

STEP 1 문장 쓰윽 보고 듣기

영어 문장과 우리말 해석을 편안한 마음으로 한 번만 읽어 본 후 쓰윽 들어보세요.

UNIT 23

331 | She's a **persuasive** woman.
그녀는 남을 잘 설득시키는 여성이야.

332 | They're gonna need your **expertise**.
그 사람들이 네 전문지식을 필요로 할 거야.

333 | I **booked** / online.
예약했어요 / 인터넷으로.

334 | Are you wearing **perfume**?
향수 뿌렸어요?

335 | My **proposal** is simple.
내 제안은 간단해.

336 | We need to **keep our eye on the ball**.
우리 방심하지 말아야 해.

337 | There are a lot of **expectations** / on him.
기대가 크지 / 그에게 말이야.

338 | Have you **experienced** anything / like that?
경험해 본 적 있어요 / 그것 같은?

339 | I smell alcohol / on your **breath**.
술 냄새 나 / 네 입에서.

340 | I heard an **ugly** rumor.
내가 추잡한 소문을 하나 들었어.

341 | I need the money / to **move out**.
나 그 돈 필요해 / 이사 나가려면.

342 | I'd like to grab some **bottled water**.
병에 든 생수 좀 마시고 싶어.

343 | **Why don't we** have a drink / and discuss it?
한잔하면서 / 그걸 의논하는 건 어떨까?

344 | Could you please **turn** it **down**?
소리 좀 줄여 줄래요?

345 | She's driving and texting / **at the same time**.
저 여자 운전하면서 문자 보내네 / 그것도 동시에 말이야.

STEP 2 차곡차곡 어휘 쌓기

단어와 뜻을 크게 읽으면서 영어 단어를 정성스레 써 보세요.

persuasive
설득력 있는, 남을 잘 설득시키는

expertise
전문지식

book
예약하다 (book-booked-booked)

perfume
향수

proposal
제안

keep one's eye on the ball
방심하지 않다, 경계하다
(keep-kept-kept)

expectations
기대

experience
~을 경험하다
(experience-experienced-experienced)

breath
숨, 입김

ugly
추잡한

move out
이사 나가다 (move-moved-moved)

bottled water
병에 든 생수

Why don't we ~?
우리 ~하는 건 어떨까?

turn A down
A의 소리를 낮추다 (turn-turned-turned)

at the same time
동시에

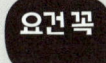 I heard an ugly rumor. = 내가 추잡한 소문을 하나 들었어.

이거 '못생긴 소문을 들었어.'라고 해석한 분들, 손! ugly가 사람이나 동물에게 쓰이면 '못생긴, 추한'의 의미지만, 소문이나 콘텐츠 관련 단어를 수식하면 '(입에 올리기도 남부끄럽게) 추잡한'의 의미입니다.

UNIT 23

STEP 3 실제론 요래 쓰여요!

우리말의 색깔 부분에 해당하는 영어 표현을 써 보세요. 정답과 영어 표현은 p.205.

1 A She's a _____ woman. 그녀는 설득을 잘 시키는 여성이야.
   B 알지. 정말 대단한 여자야.

2 A They're gonna need your _____.
      그 사람들이 네 전문지식을 필요로 할 거야.
   B 난 그 사람들에게 관심 없어.

3 A Are you wearing _____? 너 향수 뿌렸니?
   B 미안. 네가 향수 알레르기 있는 걸 깜박했어.

4 A My _____ is simple. 내 제안은 간단해.
   B 어디 들어나 보자.

5 A There are a lot of _____ on him. 그에게 거는 기대가 정말 커.
   B 걔는 잘해 낼 거야.

6 A 나 술 안 마셔.
   B I smell alcohol on your _____.
      네 입에서 술 냄새 나는데.

7 A I need the money to _____. 이사 나가려면 나 그 돈 필요해.
   B 언제 이사 나가는데?

8 A _____ have a drink and discuss it?
      한잔하면서 그걸 의논하는 건 어떨까?
   B 너 술 마셔?

실력이 쑥!

They're gonna need your expertise. 그 사람들이 네 전문지식을 필요로 할 거야.
gonna는 going to의 회화체 표현이에요. [고나]로 약하게 발음하지요. 이와 비슷한 걸로 wanna가 있는데, 이건 want to의 회화체 표현입니다. 회화에서는 이렇게 쓰더라도 글, 특히 논문이나 에세이 등을 쓸 때는 going to, want to로 써야 한다는 것, 잊지 마세요.

114

STEP 4 마무리

TEST 1 우리말 표현을 영어로 써 보세요.

향수	동시에	추잡한
전문지식	병에 든 생수	~을 경험하다
예약하다	방심하지 않다, 경계하다	이사 나가다
A의 소리를 낮추다	기대	설득력 있는, 남을 잘 설득시키는
우리 ~하는 건 어떨까?	숨, 입김	제안

TEST 2 우리말 표현에 맞게 동사 변화를 주세요.

예약하다		예약했다	
방심하지 않다, 경계하다		방심하지 않았다, 경계했다	
~을 경험하다		~을 경험했다	
이사 나가다		이사 나갔다	
A의 소리를 낮추다		A의 소리를 낮추었다	

book도 '예약하다'이고, reserve도 '예약하다'입니다. 그럼 막 바꿔 써도 될까요? 일단 book은 뒤에 뭘 예약했는지 예약한 내용을 밝힐 수도, 밝히지 않을 수도 있습니다. I booked online.처럼 말이죠. 하지만, reserve는 뒤에 예약한 내용을 구체적으로 써 줘야 합니다. I reserved a room at the Marine Hotel. (마린 호텔에 방 하나 예약했어.)처럼 말이죠. 차이점을 알고 사용해 주세요.

UNIT 23

STEP 1 문장 쓰윽 보고 듣기

UNIT 24

영어 문장과 우리말 해석을 편안한 마음으로 한 번만 읽어 본 후 쓰윽 들어보세요.

346 **Keep your seat belt on.**
좌석 벨트 계속 매고 있어.

347 **I think / I rolled my ankle.**
제 생각에 / 발목을 접질린 것 같아요.

348 **Do you need a ride / or something?**
차를 태워 드릴까요? / 아님 뭐 다른 거라도?

349 **She's an active talker.**
그녀는 적극적인 대화자야. (= 그녀는 대화할 때 아주 적극적이야.)

350 **She's such a gossip.**
그녀는 남 얘기 하는 걸 너무 좋아해.

351 **Can I have a word / with you / for a second?**
얘기 좀 할 수 있을까 / 너랑 / 잠깐?

352 **Everybody moves here / for the education.**
다들 이리로 이사 와요 / 교육 때문에.

353 **She's hostile / with me.**
그녀는 적대적이지 / 나한테는.

354 **You already made friends?**
너희들 벌써 친구 됐어?

355 **This is unacceptable.**
이건 정말 용납할 수 없는 일이야.

356 **You owe / him an apology.**
너 빚지고 있잖아 / 걔한테 사과를. (= 너 걔한테 사과해야 해.)

357 **We should not make a big deal out of this.**
우리 이 일로 괜히 호들갑 떨지 말자고.

358 **Just / let it blow over.**
그냥 / 잠잠해지게 내버려 둬.

359 **I didn't charge you extra / for that.**
제가 추가로 비용 청구하지 않았습니다 / 그거에 대해서는요.

360 **I'll get a flight out / tomorrow / instead.**
비행기 타고 갈 거야 / 내일 / 대신에.

STEP 2 차곡차곡 어휘 쌓기

단어와 뜻을 크게 읽으면서 영어 단어를 정성스레 써 보세요.

seat belt
좌석 벨트, 안전띠

roll one's ankle
발목을 접지르다
(roll-rolled-rolled)

a ride
차를 태워 줌

active
적극적인, 활동적인

a gossip
남 얘기 하기 좋아하는 사람

have a word with
~와 대화하다 (have-had-had)

education
교육

hostile
적대적인

make friends
친구가 되다 (make-made-made)

unacceptable
받아들일 수 없는, 용납할 수 없는

apology
사과

make a big deal out of
~로 호들갑을 떨다 (make-made-made)
▶ of 뒤에 호들갑 떠는 내용이 옴

blow over
잠잠해지다, 지나가다 (blow-blew-blown)

charge
비용 청구하다 (charge-charged-charged)

instead
대신에

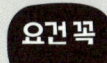 **You owe him an apology.** = 너 걔한테 사과해야 해.
<owe A B>는 'A에게 B를 빚지다'예요. 다른 사람에게 '(잘못했을 때 하는) 사과'를 빚지고 있다는 건 '해야 할 사과를 안 하고 있다. 그러니 사과를 해야 한다'는 의미가 되지요.

UNIT 24 117

STEP 3   실제론 요래 쓰여요!

우리말의 색깔 부분에 해당하는 영어 표현을 써 보세요. 정답과 영어 표현은 p.205.

1   A Keep your _____ on. 좌석 벨트 계속 매고 있어.
    B 성가셔.

2   A 발을 저네.
    B I think I _____. 발목을 접질린 것 같아.

3   A She's an _____ talker. 걔는 대화할 때 아주 적극적이야.
    B 다들 그녀와 일하고 싶어 해.

4   A She's such _____. 그녀는 남 얘기 하는 걸 너무 좋아해.
    B 내 스타일은 아니야.

5   A Can I _____ you for a second?
       잠깐 얘기 좀 할까?
    B 언제든.

6   A 그녀와는 얘기 안 해?
    B She's _____ with me. 걔가 나한테 적대적이야.

7   A This is _____. 이건 정말 용납할 수 없는 일인 걸.
    B 다시 한번 생각해 주면 안 될까?

8   A 우리 어쩌면 좋지?
    B Just let it _____. 그냥 잠잠해지게 내버려 둬.

I think I rolled my ankle. 발목을 접질린 것 같아요.
단어 뜻대로만 본다면 이 문장은 내가 내 손으로 발목을 접질리도록 했다는 의미지만, 멀쩡한 사람이 자기 발목을 그렇게 할 리는 없잖아요. 특이하게도 영어에서 신체 부위가 sprain(삐다), break(부러지다), fracture(골절되다), crack(금이 가다) 되는 걸 표현할 때는 〈다친 사람+동사+신체 부위〉 이런 순서로 표현을 해요. 그러니 I broke my left arm. 문장이 보이면 '내가 내 왼팔을 부러뜨렸다'가 아니라 '내 왼팔이 부러졌다'로 해석하시면 됩니다.

STEP 4 마무리

TEST 1 우리말 표현을 영어로 써 보세요.

~로 호들갑을 떨다	발목을 접지르다	적대적인
대신에	적극적인, 활동적인	사과
차를 태워 줌	좌석 벨트, 안전띠	잠잠해지다, 지나가다
~와 대화하다	받아들일 수 없는, 용납할 수 없는	친구가 되다
남 얘기 하기 좋아하는 사람	교육	비용 청구하다

TEST 2 우리말 표현에 맞게 동사 변화를 주세요.

발목을 접지르다		발목을 접질렀다	
~와 대화하다		~와 대화했다	
친구가 되다		친구가 되었다	
~로 호들갑을 떨다		~로 호들갑을 떨었다	
잠잠해지다, 지나가다		잠잠해졌다, 지나갔다	

instead of와 instead는 of 하나 차이로 쓰임이 갈려요. instead of는 '~ 대신에'로 of 뒤에 표현이 나와야 합니다. instead of. 이렇게는 쓰일 수 없어요. 하지만, of가 없는 instead는 '대신에'의 뜻으로 이미 나온 것 외에 다른 제안을 제시할 때 쓸 수 있어요. 그리고 대개는 문장 끝에 놓이며, 단독으로 쓰일 수 있습니다. 다음 문장을 보면서 차이점을 이해해 보세요.

I've decided to get a job instead of going to college. 대학에 가는 대신에 취직하기로 결심했어요.
I'll go to college next year instead. 대신에 내년에 대학에 갈 거예요. (앞에서 뭔가 자신이 하기로 한 걸 말했다는 전제 하에서 이렇게 말합니다.)

UNIT 24

STEP 1 문장 쓰윽 보고 듣기

UNIT 25

영어 문장과 우리말 해석을 편안한 마음으로 한 번만 읽어 본 후 쓰윽 들어보세요.

361 **Don't leave** me / **out of** this.
나 빼지 마 / 이 일에서.

362 You keep the **change**.
거스름돈은 그냥 가져.

363 Can't **get rid of** me / that easily.
나를 떼어놓을 순 없지 / 그렇게 쉽게.

364 **Good luck** with that.
좋겠네, 잘해 봐.

365 You're very **naughty**.
넌 정말 무례하기 짝이 없구나.

366 You're **thirsty**, / aren't you?
너 정말 목말랐구나, / 그치?

367 I'll take you / somewhere **safe**.
내가 데려다 줄게 / 안전한 곳으로.

368 You finally decided to **show**.
마침내 나타나기로 결정했군. (= 드디어 나타나셨군.)

369 She left / on **a bathroom break**.
걔 잠깐 자리 비웠어 / 화장실 간다고.

370 That's the part / I don't **get**.
그 부분이야 / 내가 이해 안 되는 게.

371 Are you just gonna **stare at** me?
날 그렇게 노려 보고만 있을 거야?

372 Things got really **messed up**.
일이 정말 완전 엉망이 됐어.

373 I'm a little **short** / right now.
가진 돈이 좀 부족하네 / 지금 당장은.

374 It is such a **thriving** town.
거긴 정말 한창 잘 나가는 도시야.

375 It's **on the house**.
이건 서비스로 그냥 드리는 거예요.

STEP 2 차곡차곡 어휘 쌓기

단어와 뜻을 크게 읽으면서 영어 단어를 정성스레 써 보세요.

leave A out of
~에서 A를 제외시키다 (leave–left–left)

change
거스름돈

get rid of
~을 떼어놓다, ~을 없애다 (get–got–got[ten])

good luck
행운
▶ 주로 '행운을 빌어'의 표현으로 자주 쓰임

naughty
무례한, 버릇없는

thirsty
목이 마른

safe
안전한

show
나타나다 (show–showed–showed)

a bathroom break
화장실 가느라 잠깐 쉬는 시간

get
이해하다 (get–got–got[ten])

stare at
~을 노려보다 (stare–stared–stared)

mess up
~을 엉망으로 만들다
(mess–messed–messed)

short
돈이 부족한

thriving
번성하는, 한창 잘 나가는

on the house
무료로 제공되는

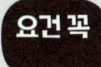 **It's on the house.** = 이건 서비스로 그냥 드리는 거예요.
여기서 house는 '집'이 아니라 '가게'란 뜻이에요. 그래서 이 문장은 "가게에서 내는 겁니다."가 직역이지요. 우리 입장에서는 '서비스', '공짜'가 되는 거고요.

UNIT 25

STEP 3 실제론 요래 쓰여요!

우리말의 색깔 부분에 해당하는 영어 표현을 써 보세요. 정답과 영어 표현은 p.206.

1 A Don't _____ me _____ this.
나 이 일에서 빼지 마.
   B 당연하지.

2 A Can't _____ me that easily.
나를 그렇게 쉽게 떼어놓을 순 없지.
   B 누가 널 말리겠니.

3 A 당신 말은 절대 듣지 않을 거예요.
   B You're very _____. 넌 정말 무례하기 짝이 없구나.

4 A You finally decided to _____. 드디어 나타나셨군.
   B 너 나한테 연락하면 안 될 텐데.

5 A 얘 어디 갔어?
   B She left on _____. 화장실 간다고 잠깐 자리 비웠어.

6 A 이 일은 걔한테 맡겨야 해.
   B That's the part I don't _____.
나는 그 부분이 이해가 안 돼.

7 A 일은 잘 되어 가?
   B Things got really _____. 일이 정말 완전 엉망이 됐어.

8 A I'm a little _____ right now.
지금 당장은 가진 돈이 좀 부족하네.
   B 내가 빌려 줄게.

You're thirsty, aren't you? 너 정말 목말랐구나.
You're thirsty.로도 의미 전달이 되는데, 뒤에 aren't you?라고 부가적으로 붙인 건 자신이 한 말에 대한 확답을 얻기 위해서입니다. 부가적으로 붙이기 때문에 부가의문문이라고 하고요, 앞에 나온 문장이 긍정문이면 반대로 부정문으로, 부정문이면 긍정문의 형태로 붙입니다. 하지만 너무 남발하지는 않도록 하세요.

STEP 4 마무리

TEST 1 우리말 표현을 영어로 써 보세요.

행운	돈이 부족한	나타나다
무료로 제공되는	~에서 A를 제외시키다	목이 마른
이해하다	번성하는, 한창 잘 나가는	거스름돈
~을 노려보다	~을 떼어놓다, ~을 없애다	~을 엉망으로 만들다
화장실 가느라 잠깐 쉬는 시간	무례한, 버릇없는	안전한

TEST 2 우리말 표현에 맞게 동사 변화를 주세요.

~에서 A를 제외시키다		~에서 A를 제외시켰다	
~을 떼어놓다, ~을 없애다		~을 떼어놓았다, ~을 없앴다	
이해하다		이해했다	
~을 노려보다		~을 노려봤다	
~을 엉망으로 만들다		~을 엉망으로 만들었다	

눈으로 보는 것을 표현하는 단어들이 참 많은데요, 이번에 한번 쫙 정리해 볼까요?

see: 보다 → 시각적으로 어떤 의도를 가지고 보는 게 아니라 그냥 눈에 보여서 본다는 기본 의미가 있어요.
look: 신경 써서 보다 → 뭔가를 신경 써서 본다는 걸 의미합니다.
watch: 지켜보다 → 얼마 동안 주의를 기울여 사람이나 사물을 지켜보는 거죠.
stare: 빤히 쳐다보다 → 무안할 정도로 한참 동안 빤히 쳐다보는 걸 뜻해요.

UNIT 25

REVIEW UNIT 21-25

확인학습 다음 우리말 문장을 영어로 쓰세요.

다음 문장의 빈칸에 들어갈 알맞은 표현을 쓰세요.   **STEP 1의 번호**

1. Your credit card's been d_____. 카드가 승인 거절되었어요. | 310
2. I have a c_____ to make. 고백할 게 있어요. | 308
3. I was hoping you could h_____ me o_____ this. | 303
   저 이 일 좀 도와주셨으면 해서요.
4. That was before I g_____ him. 그거야 내가 걔를 잘 알게 되기 전 얘기지. | 302
5. Glad you could c_____. 같이 일하게 돼서 반가워. | 316
6. She doesn't know what she i_____. | 319
   그녀는 곧 자신이 어떤 일을 당하게 될지 전혀 모르고 있어.
7. He w_____ three years for bribery. | 320
   그 사람 뇌물수수죄로 3년형 선고 받았어.
8. Thanks for the h_____. 미리 말해 줘서 고마워. | 325
9. She's a p_____ woman. 그녀는 남을 잘 설득시키는 여성이야. | 331
10. My p_____ is simple. 내 제안은 간단해. | 335
11. There are a lot of e_____ on him. 그에게 거는 기대가 크지. | 337
12. I smell alcohol on your b_____. 네 입에서 술 냄새 나. | 339
13. Could you please t_____ it d_____? | 344
    소리 좀 줄여 줄래요?
14. Keep your s_____ on. 좌석 벨트 계속 매고 있어. | 346
15. She's such a _____. 그녀는 남 얘기 하는 걸 너무 좋아해. | 350
16. You already m_____? 너희들 벌써 친구 됐어? | 354
17. We should not m_____ this. | 357
    우리 이 일로 괜히 호들갑 떨지 말자고.
18. Can't g_____ me that easily. 나를 그렇게 쉽게 떼어놓을 순 없지. | 363
19. G_____ with that. 좋겠네, 잘해 봐. | 364
20. She left on a _____. 걔 화장실 간다고 잠깐 자리 비웠어. | 369
21. That's the part I don't g_____. 내가 이해 안 되는 게 그 부분이야. | 370
22. I'm a little s_____ right now. 지금 당장은 가진 돈이 좀 부족하네. | 373

다음 뜻에 해당하는 영어 단어를 쓰세요.

남 얘기하기 좋아하는 사람	교육	비용 청구하다
경고, 경계	협조적인	공격적인, 아주 적극적인
늦게까지 일하다, 야근하다	몰락	~형을 선고 받다
~을 대단히 잘하다	버릇처럼 ~을 하다	~을 응원하다
자지 않고 기다리다	재판을 받다	~을 더 원하다
우리 ~하는 건 어떨까?	숨, 입김	제안
향수	동시에	추잡한
예약하다	방심하지 않다, 경계하다	이사 나가다
~로 호들갑을 떨다	발목을 접지르다	적대적인
이해하다	번성하는, 한창 잘 나가는	거스름돈
차를 태워 줌	좌석 벨트, 안전띠	잠잠해지다, 지나가다
행운	돈이 부족한	나타나다
화장실 가느라 잠깐 쉬는 시간	무례한, 버릇없는	안전한
A에게 B를 소개시켜 주다	~에게 약속하다	외로운
멍청이, 바보	~을 무시하다, ~을 제쳐 놓다	B에 관해서 A를 도와주다

STEP 1 문장 쓰윽 보고 듣기

영어 문장과 우리말 해석을 편안한 마음으로 한 번만 읽어 본 후 쓰윽 들어보세요.

UNIT 26

376 **You're so emo.**
너 정말 감성적이구나.

377 **What's in it** / for you?
그렇게 해서 무슨 득이 되는데 / 너한테?

378 **I'm starting to think** / she's not **faking**.
지금 드는 생각인데 / 이 여자가 꾸며내는 말은 아닌 것 같아.

379 **What's the catch?**
문제점이 뭔데?

380 **It would be wiser** / to wait.
더 현명할 듯하다 / 기다려 보는 게.

381 **I meant that** / **professionally**.
제가 말씀드린 거예요 / 전문가의 입장에서.

382 **It was very informative.**
아주 유익했어요.

383 **I'm not very good** / at being **obedient**.
나 진짜 잘 못해 / 순종적으로 구는 걸. (= 난 그다지 순종적이지 못한데.)

384 **Let's move on.**
그만 다른 얘기로 넘어가 보자.

385 **The front door was unlocked.**
현관문이 열려 있었어.

386 **She is withdrawing** / from friends.
그녀는 혼자 틀어박혀 있어 / 친구들하고 떨어져서.

387 **This change seems cool.**
이 정도의 변화는 멋진 듯.

388 **You seem a little wishy-washy.**
너 좀 이랬다저랬다 하는 것 같다.

389 **I was on the Internet** / last night / reading about him.
나 인터넷에 들어갔어 / 어젯밤에 / 그에 관한 글을 읽느라.

390 **Stop riding me** / about my behavior.
그만 좀 잔소리해라 / 내 행동거지에 대해서.

STEP 2 차곡차곡 어휘 쌓기

단어와 뜻을 크게 읽으면서 영어 단어를 정성스레 써 보세요.

emo
감성적인, 감정이 풍부한

What's in it?
뭐 득 될 게 있냐?

fake
꾸미다, ~인 척하다 (fake–faked–faked)

catch
숨은 문제점, 애로사항

wise
현명한, 지혜로운
▶ 비교급은 wiser

professionally
전문가의 입장에서, 전문적으로

informative
유익한

obedient
순종적인

move on
새로운 주제로 넘어가다 (move–moved–moved)

unlock
열쇠로 열다 (unlock–unlocked–unlocked)

withdraw
사람들을 멀리하고 틀어박히다 (withdraw–withdrew–withdrawn)

cool
멋진, 훌륭한

wishy-washy
이랬다저랬다 하는, 확고하지 못한

on the Internet
인터넷에 접속한 상태인

ride
잔소리하다, 놀리다 (ride–rode–ridden)

 **You're so emo.** = 너 정말 감성적이구나.
emo란 말, 아마 처음 본 분들도 많으실 거예요. 신조어로 '감성적인, 감정이 풍부한'의 뜻이에요. 참고로 기타를 중심으로 한 음과 멜로디, 감성적인 선율을 특징으로 하는 음악 장르를 emo라고도 한답니다.

UNIT 26

STEP 3 실제론 요래 쓰여요!

우리말의 색깔 부분에 해당하는 영어 표현을 써 보세요. 정답과 영어 표현은 p.206.

1　A　그 영화 정말 감동적이었어.
　　B　You're so _____. 너 정말 감성적이구나.

2　A　_____ for you? 그렇게 해서 너한테 무슨 득이 되는데?
　　B　없어. 그냥 걔를 돕고 싶을 뿐이야.

3　A　What's the _____? 문제점이 뭔데?
　　B　그녀가 본색을 드러내기 시작했어.

4　A　It would be _____ to wait.
　　　기다려 보는 게 더 현명할 듯하다.
　　B　기다린지 이미 1주일이 넘었어.

5　A　그 강연 어땠어?
　　B　It was very _____. 아주 유익했어요.

6　A　I'm not very good at being _____.
　　　나는 그다지 순종적이지 못한데.
　　B　그냥 네가 원하는 대로 해.

7　A　너 이 안으로 어떻게 들어왔어?
　　B　The front door was _____. 현관문이 열려 있던데.

8　A　She is _____ from friends.
　　　그녀는 친구들을 멀리하고 혼자만 있으려고 해.
　　B　걔 때문에 늘 걱정이야.

실력이 쏙!

It would be **wiser** to wait. 기다려 보는 게 더 현명할 듯하다.
wise는 '현명한'이고 여기에 -r을 붙인 wiser는 '더 현명한'으로, 어려운 말로 비교급이라고 해요. 영어에서 비교급이 될 수 있는 단어들로는 형용사, 부사가 있지요. 보통은 -er이나 -r을 붙여서 만들고, 음절이 긴 단어의 경우 앞에 more을 붙여서 만들기도 합니다.
e.g. cute–cuter 귀여운–더 귀여운　beautiful–more beautiful 아름다운–더 아름다운

STEP 4 마무리

TEST 1 우리말 표현을 영어로 써 보세요.

유익한	꾸미다, ~인 척하다	잔소리하다, 놀리다

감성적인, 감정이 풍부한	열쇠로 열다	이랬다저랬다 하는, 확고하지 못한

현명한, 지혜로운	인터넷에 접속한 상태인	뭐 득 될게 있냐?

순종적인	멋진, 훌륭한	전문가의 입장에서, 전문적으로

숨은 문제점, 애로사항	사람들을 멀리하고 틀어박히다	새로운 주제로 넘어가다

TEST 2 우리말 표현에 맞게 동사 변화를 주세요.

꾸미다, ~인 척하다		꾸몄다, ~인 척했다	
새로운 주제로 넘어가다		새로운 주제로 넘어갔다	
열쇠로 열다		열쇠로 열었다	
사람들을 멀리하고 틀어박히다		사람들을 멀리하고 틀어박혔다	
잔소리하다, 놀리다		잔소리했다, 놀렸다	

inform은 '알려주다, 통지하다'의 뜻으로 여기서 많은 단어가 파생되었어요. 어떤 것들이 있는지 볼까요?
information: 정보
informed: (사람들이 알려주고 해서) 많이 아는
informative: (유용한 정보를 줘서) 유익한
informant: 정보를 제공해 주는 사람

UNIT 26

STEP 1   문장 쓰윽 보고 듣기

영어 문장과 우리말 해석을 편안한 마음으로 한 번만 읽어 본 후 쓰윽 들어보세요.

UNIT 27

391   You look **stunning** / in the clothes.
      너 정말 예쁘다 / 그 옷 입으니까.

392   She's back / **for good**.
      걔 돌아왔어 / 완전히.

393   You **were invited** / **to** her party?
      너 초대 받았어 / 걔 파티에?

394   I **looked all over for** you.
      널 사방팔방 찾아다녔어.

395   Thanks / for **making the time**.
      고마워 / 시간 내줘서.

396   **Get off** your blog.
      블로그 좀 그만해라.

397   I really **had a bad day**.
      오늘 하루 정말 엉망이었어.

398   He**'s allergic to** department stores.
      걔 백화점이라면 딱 질색이야.

399   That's a **dark** thought.
      그거 참 암울한 생각이네. (그러니 그런 암울한 생각일랑 하지도 마.)

400   The moment it doesn't feel right, / I **get away from** it.
      난 옳다고 느껴지지 않으면 / 그 일에서 바로 손 떼.

401   That was **then**.
      그때는 그때고.

402   My birthday is **around the corner**.
      내 생일이 코앞이야.

403   You seem **upbeat** / this morning.
      너 기분이 좋은 것 같다 / 오늘 아침에는.

404   We **got into a** pretty big **fight**.
      우리 아주 대판 싸웠어.

405   You guys **broke up**?
      너희들 깨진 거야?

STEP 2 차곡차곡 어휘 쌓기

단어와 뜻을 크게 읽으면서 영어 단어를 정성스레 써 보세요.

stunning
굉장히 멋진, 대단히 아름다운

for good
영원히, 완전히

be invited to
~에 초대되다

look all over for
~을 사방팔방 찾아다니다
(look-looked-looked)

make the time
시간을 내다 (make-made-made)

get off
~을 그만하다 (get-got-got[ten])

have a bad day
하루가 힘들다 (have-had-had)

be allergic to
~을 몹시 싫어하다

dark
암울한, 희망이 없는

get away from
~에서 도망치다, ~에서 손을 떼다
(get-got-got[ten])

then
그때

around the corner
시간이나 거리상으로 아주 가까운

upbeat
기분이 좋은, 긍정적인

get into a fight
싸우다 (get-got-got[ten])

break up
헤어지다, 관계가 깨지다 (break-broke-broken)

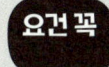 **He's allergic to department stores. = 걔 백화점이라면 딱 질색이야.**
be allergic to는 '~에 알레르기가 있다'입니다. '백화점에 알레르기가 있다'라, 세상에 얼마나 싫으면 알레르기 반응이 나타나겠어요. 그래서 '아주 질색하며 싫어하다'를 be allergic to라고 표현하기도 합니다.

UNIT 27

STEP 3 실제론 요래 쓰여요!

우리말의 색깔 부분에 해당하는 영어 표현을 써 보세요. 정답과 영어 표현은 p.207.

1. A 나 어때?
   B You look _____ in the clothes.
   그 옷 입으니까 너 정말 예쁘다.

2. A You _____ her party? 너 걔 파티에 초대 받았어?
   B 아니. 나 걔랑 친하지도 않는데 뭐.

3. A I _____ you. 내가 널 사방팔방 찾아다녔어.
   B 방에서 자고 있었는데.

4. A _____ your blog. 블로그 좀 그만해라.
   B 방금 전에 시작했어.

5. A I really _____. 오늘 하루 정말 엉망이었어.
   B 네 얼굴에 써 있다.

6. A He _____ department stores.
   걔는 백화점이라면 딱 질색이야.
   B 그래서 네가 걔랑 쇼핑을 같이 가지 않는구나.

7. A 그 일 관두게?
   B The moment it doesn't feel right, I _____ it.
   옳다고 느껴지지 않으면 난 그 일에서 바로 손 떼.

8. A My birthday is _____. 내 생일이 코앞이야.
   B 선물 뭐 받고 싶니?

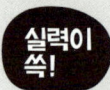

You look stunning in the clothes. 너 그 옷 입으니까 정말 예쁘다.

look이 '~하게 보이다'의 뜻이어서 뒤에 부사를 넣는 사람들이 꽤 많습니다. 하지만, 엄밀하게 말하면 '~한 상태에 있는 것처럼 보이다'이므로, 상태를 나타내는 형용사를 넣어야 해요. 우리말의 '예쁜, 멋진, 귀여운'처럼 -ㄴ으로 끝나는 말의 대부분이 형용사라고 보면 됩니다. 그래서 You look pretty. (너 예뻐 보인다.)라고 해야지, You look prettily.라고 하면 안 됩니다.

STEP 4　마무리

TEST 1　우리말 표현을 영어로 써 보세요.

~에 초대되다	그때	하루가 힘들다
싸우다	시간을 내다	헤어지다, 관계가 깨지다
굉장히 멋진, 대단히 아름다운	암울한, 희망이 없는	기분이 좋은, 긍정적인
영원히, 완전히	시간이나 거리상으로 아주 가까운	~을 사방팔방 찾아다니다
~을 몹시 싫어하다	~을 그만하다	~에서 도망치다, ~에서 손을 떼다

TEST 2　우리말 표현에 맞게 동사 변화를 주세요.

~을 사방팔방 찾아다니다		~을 사방팔방 찾아다녔다	
시간을 내다		시간을 냈다	
~을 그만하다		~을 그만했다	
하루가 힘들다		하루가 힘들었다	
~에서 도망치다, ~에서 손을 떼다		~에서 도망쳤다, ~에서 손을 뗐다	
싸우다		싸웠다	
헤어지다, 관계가 깨지다		헤어졌다, 관계가 깨졌다	

corner는 원래 '모퉁이'라는 뜻이에요. 그런데 어찌 된 일인지 한국 사람들은 마트나 백화점에서 '화장품 코너', '식품 코너'라고 쓰게 되었어요. 그렇다면 화장품 코너는 cosmetic corner이고 식품 코너는 food corner일까요? 전혀 아닙니다. 이때는 corner가 아니라 section(섹션)이라고 해야 맞습니다. 이제부터는 꼭 cosmetic section, food section이라고 말하는 습관 들이시기 바랍니다.

UNIT 27

STEP 1 문장 쓰윽 보고 듣기

영어 문장과 우리말 해석을 편안한 마음으로 한 번만 읽어 본 후 쓰윽 들어보세요.

406 It might be good / for us to **take a break**.
좋을지도 모르겠어 / 우리가 서로 좀 떨어져 있는 게.

407 She's **gearing up to** take her company public.
그녀는 지금 회사 주식을 상장할 준비를 하고 있어.

408 I **have no feelings for** her / anymore.
난 그녀에게 호감 없어 / 더 이상.

409 What time / does the **limo** come?
몇 시에 / 리무진이 오는 거야?

410 She's gonna be here / **any second**.
그녀가 이리로 도착할 거야 / 곧.

411 Is it that **obvious**?
그게 그 정도로 티가 나?

412 You want me to **pick** you **up** / **from** the airport tomorrow?
내가 너를 픽업하러 갈까 / 내일 공항으로?

413 It's just **lame**.
그냥 뭐 말도 안 되는 소리야.

414 She's unbelievably **hot**.
걔 참 믿기 힘들 정도로 섹시하고 매력 있어.

415 **Bet on** yourself.
너 자신을 믿어.

416 I'm **tracking down** the account.
지금 그 계좌를 추적 중이야.

417 Don't make **cracks** / about him.
함부로 말하지 마 / 그에 대해서.

418 I'm **with** you / there.
나는 너와 동감이야 / 그 부분에서.

419 I'm **immune** / **to** him.
난 면역이 되어 있어서 괜찮아 / 쟤한테.

420 **In the future**, / if you have a problem, / please call me.
앞으로는 / 문제가 생기면 / 저한테 전화하세요.

STEP 2 차곡차곡 어휘 쌓기

단어와 뜻을 크게 읽으면서 영어 단어를 정성스레 써 보세요.

take a break
잠시 각자의 시간을 갖다 (take-took-taken)

gear up to
~할 준비를 갖추다 (gear-geared-geared)

have no feelings for
~에게 호감이 없다 (have-had-had)

limo
리무진

any second
곧, 바로

obvious
티가 나는, 분명한

pick somebody up from
누군가를 ~에서 픽업하다 (pick-picked-picked)

lame
말이 안 되는, 설득력 없는

hot
섹시한, 매력 있는

bet on
~을 믿다 (bet-bet-bet)

track down
~을 추적하다 (track-tracked-tracked)

crack
무례한 언사 ▶ make cracks 함부로 말하다

be with
~와 동의하다

immune to
~에 면역이 된, ~에 영향을 받지 않는

in the future
앞으로, 장차

요건 꼭 You want me to **pick** you **up from** the airport tomorrow?
직역하면 '넌 내가 내일 공항에서 너를 픽업하기를 원하니?'입니다만, 상대방에게 어떤 호의를 베풀고 싶을 때 쓸 수 있는 표현입니다. 즉, '내가 ~해 줄까?'의 의미인 거죠.

UNIT 28

STEP 3 실제론 요래 쓰여요!

우리말의 색깔 부분에 해당하는 영어 표현을 써 보세요. 정답과 영어 표현은 p.207.

1   A   It might be good for us to _____.
        우리가 좀 떨어져 있는 게 좋을지도 몰라.
    B   나도 그렇게 생각해.

2   A   She's _____ take her company public.
        그녀는 회사 주식을 상장할 준비를 하고 있어.
    B   그녀는 완전 무(無)에서 회사를 키웠지.

3   A   I _____ her anymore.
        난 더 이상 그녀에게 호감 없어.
    B   그럼 내가 사귀어도 돼?

4   A   너 지금 나한테 거짓말하고 있잖아.
    B   Is it that _____? 그게 그 정도로 티가 나?

5   A   걔가 너한테 뭐래?
    B   It's just _____. 그냥 뭐 말도 안 되는 소리야.

6   A   내가 그걸 할 수 있을까?
    B   _____ yourself. 너 자신을 믿어.

7   A   I'm _____ the account. 지금 그 계좌를 추적 중이야.
    B   실수 없이 잘해라.

8   A   걔 참 멍청한 놈이야.
    B   Don't make _____ about him.
        그에 대해서 함부로 말하지 마.

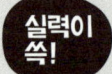
실력이 쑥!

It might be good for us to take a break.
우리가 서로 좀 떨어져 있는 게 좋을지도 모르겠어.

이 문장에서 for us는 '우리를 위해서'의 뜻일까요? 뭐 그것도 아주 틀린 건 아니지만, 여기서 for us는 to take a break의 행동을 하는 주체를 나타냅니다. 우리가 흔히 <to부정사>라고 하는 것 앞에 나오는 <for+(대)명사 목적격>은 거의 90% to부정사의 행위를 하는 주체로 보면 틀림없습니다.

STEP 4 마무리

TEST 1 우리말 표현을 영어로 써 보세요.

섹시한, 매력 있는	~을 할 준비를 갖추다	~와 동의하다
잠시 각자의 시간을 갖다	앞으로, 장차	누군가를 ~에서 픽업하다
~을 추적하다	리무진	티가 나는, 분명한
~에 면역이 된, ~에 영향을 받지 않는	곧, 바로	무례한 언사
말이 안 되는, 설득력 없는	~을 믿다	~에게 호감이 없다

TEST 2 우리말 표현에 맞게 동사 변화를 주세요.

잠시 각자의 시간을 갖다		잠시 각자의 시간을 가졌다	
~을 할 준비를 갖추다		~을 할 준비를 갖췄다	
~에게 호감이 없다		~에게 호감이 없었다	
누군가를 ~에서 픽업하다		누군가를 ~에서 픽업했다	
~을 믿다		~을 믿었다	
~을 추적하다		~을 추적했다	

take a break는 '휴식을 취하다'가 원 뜻이에요. 하지만 누가 쓰는가에 따라서 의미가 달라지지요. 사무실에서 열심히 회의하다가 Let's take a break.라고 하면 '잠시 쉬었다 하자'의 의미가 되지만 연애 기간이 오래 돼서 권태기에 들어선 커플들이 이 말을 했다면, '잠시 떨어져서 관계를 다시 생각해 보자'는 의미가 됩니다.

UNIT 28

STEP 1 문장 쓰윽 보고 듣기

UNIT **29**

영어 문장과 우리말 해석을 편안한 마음으로 한 번만 읽어 본 후 쓰윽 들어보세요.

421 **This is not deliberate.**
고의로 이러는 게 아니야.

422 **You're handling me** / **as if** I am a problem.
당신 지금 날 대하고 있잖아 / 내가 문제라는 듯이 말이야.

423 **Don't even go there.**
그 얘기까진 할 필요 없잖아.

424 **He'll go bananas.**
걔 화내고 난리 날 텐데.

425 **This company has a serious cash flow problem.**
이 회사는 지금 현금 유동성에 심각한 문제가 있어.

426 **Take a beat** / and reconsider.
잠깐 숨을 좀 돌리고 / 다시 한 번 잘 생각해 봐.

427 **What makes you think** / we don't want that?
왜 그렇게 생각해 / 우리가 그걸 원하지 않는다고?

428 **How much** / do you **believe in** / what you're saying?
얼마나 / 확신하는 거야 / 네가 말하는 것에? (= 너 지금 얼마나 확신하면서 그 말을 하고 있는 거야?)

429 **Start a family** / with me.
애기 낳고 같이 살자 / 나하고.

430 I don't want to **lose** this / **to** that.
나 이것을 잃고 싶지 않아 / 그것 때문에.

431 I can't **generate** a new business / without startup funds.
새로운 사업을 만들어 낼 수가 없어 / 창업 자금이 없으면.

432 **How come** / I **can't get a dime**?
어째서 / 나는 한푼도 받을 수 없는 건데?

433 **He's been extremely secretive.**
걔가 그동안 극도로 비밀스럽게 굴었어.

434 I let it **go on** / too long.
내가 그걸 방치했더라고 / 너무 오랫동안.

435 You can **back up** / a little.
후진해도 되겠어 / 조금만 더.

STEP 2 차곡차곡 어휘 쌓기

단어와 뜻을 크게 읽으면서 영어 단어를 정성스레 써 보세요.

deliberate
고의의, 계획적인

as if
마치 ~인 것처럼

go there
그 얘기까지 하다 (go–went–gone)

go bananas
몹시 화내다, 미쳐버리다 (go–went–gone)

cash flow
현금 유동성

take a beat
숨 돌리고 편히 생각하다 (take–took–taken)

What makes you think ~?
왜 ~라고 생각하는가?

believe in
~을 옳다고 믿다, ~을 확신하다
(believe–believed–believed)

start a family
(결혼해서) 아이를 낳다 (start–started–started)

lose A to B
B 때문에 A를 잃다 (lose–lost–lost)

generate
만들어 내다 (generate–generated–generated)

can't get a dime
한푼도 받을 수 없다

secretive
비밀스러운

go on
상황이 계속되다 (go–went–gone)

back up
후진하다 (back–backed–backed)

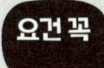 He'll **go bananas**. = 걔 화내고 난리 날 텐데.
1930년대에 bananas에 crazy란 의미가 있었대요. 이게 '~한 상태가 되다'의 go와 함께 쓰이면 '몹시 화내다, 미쳐버리다'의 뜻이 되는데 1960년대부터 이 뜻으로 일반인들도 널리 쓰기 시작했답니다.

UNIT 29

STEP 3 실제론 요래 쓰여요!

우리말의 색깔 부분에 해당하는 영어 표현을 써 보세요. 정답과 영어 표현은 p.208.

1. A 너 지금 나한테 왜 이러는 거야?
   B This is not _____. 고의로 이러는 게 아니야.

2. A 걔 아들에 대해서 얘기해 보자고.
   B Don't even _____. 그 얘기까진 할 필요 없잖아.

3. A 그에게 솔직하게 말해야 해.
   B He'll _____. 걔 화내고 난리 날 텐데.

4. A 나 그녀랑 헤어져야겠어.
   B _____ and reconsider.
   잠깐 숨 좀 돌리고 다시 한 번 잘 생각해 봐.

5. A _____ with me. 나하고 애기 낳고 같이 살자.
   B 너 내가 유부녀인 거 알잖아.

6. A I don't want to _____ this _____ that.
   나 그것 때문에 이것을 잃고 싶지 않아.
   B 너 꼭 그걸 선택해야 해.

7. A 넌 왜 그 사실을 몰랐던 거야?
   B He's been extremely _____.
   걔가 그동안 극도로 비밀스럽게 굴었거든.

8. A I let it _____ too long. 내가 그걸 너무 오랫동안 방치했어.
   B 그건 네 잘못이 아니야.

What makes you think we don't want that?
왜 우리가 그걸 원하지 않는다고 그렇게 생각해?

직역하면 '무엇이 ~라고 생각하게끔 만드니?'입니다. 우리말은 주어 자리에 사람이 아닌 추상명사가 들어가는 경우가 많지 않지만 영어는 이런 구조를 꽤 자주 활용합니다. Why do you think that ~?과 무슨 차이가 있을까요? What ~으로 물어보는 건, 주어가 그렇게 할 수밖에 없는 외적인 요소가 있을 거라는 데 초점을 두는 것이고요, Why ~?로 물어보는 건 행위의 주체인 you에 초점을 두는 것이라고 보면 됩니다.

STEP 4 마무리

TEST 1 우리말 표현을 영어로 써 보세요.

후진하다	마치 ~인 것처럼	~을 옳다고 믿다, ~을 확신하다
비밀스러운	현금 유동성	B 때문에 A를 잃다
상황이 계속되다	고의의, 계획적인	숨 돌리고 편히 생각하다
만들어 내다	몹시 화내다, 미쳐버리다	한푼도 받을 수 없다
(결혼해서) 아이를 낳다	그 얘기까지 하다	왜 ~라고 생각하는가?

TEST 2 우리말 표현에 맞게 동사 변화를 주세요.

그 얘기까지 하다		그 얘기까지 했다	
몹시 화내다, 미쳐버리다		몹시 화냈다, 미쳐버렸다	
숨 돌리고 편히 생각하다		숨 돌리고 편히 생각했다	
~을 옳다고 믿다, ~을 확신하다		~을 옳다고 믿었다, ~을 확신했다	
(결혼해서) 아이를 낳다		(결혼해서) 아이를 낳았다	
B 때문에 A를 잃다		B 때문에 A를 잃었다	
상황이 계속되다		상황이 계속되었다	

이번에는 동전과 지폐 명칭을 알아볼까요?
dime: 미국과 캐나다의 10센트 동전
nickel: 미국과 캐나다의 5센트 동전
a large bill: 100달러 지폐
a small bill: 20달러짜리 지폐
buck: 달러(dollar)의 또 다른 표현

UNIT 29

STEP 1 문장 쓰윽 보고 듣기

UNIT 30

영어 문장과 우리말 해석을 편안한 마음으로 한 번만 읽어 본 후 쓰윽 들어보세요.

436 **Things** got a little **tense**.
상황이 좀 긴박해졌어.

437 I'm sure / you'll **make the right decision**.
내가 확신하는데, / 넌 옳은 결정을 할 거야.

438 Don't **push** me.
나 좀 다그치지 마라.

439 I don't want / you to **go behind my back**.
난 싫어 / 네가 내 등 뒤로 가는 것. (= 나 모르게 뒤에서 딴짓하지 마.)

440 **Pick** / whatever you want.
골라 봐 / 네가 원하는 걸로 뭐든.

441 You can't cancel / **at the last minute**.
취소하는 건 안 돼 / 시간이 임박해서.

442 It was a **spur-of-the-moment** decision.
그것은 충동적인 결정이었어.

443 I **forced myself to** eat.
나 억지로 먹었어, 정말.

444 They went through my **belongings**.
그들이 내 소지품을 다 뒤졌어.

445 We laughed / **like crazy**.
우리가 웃었다니까 / 미친 듯이.

446 Where / do you want me to **take** you?
어디에 / 데려다 줄까?

447 We don't **share** any **classes**.
우리는 같이 듣는 수업이 하나도 없어.

448 I forgot my jacket / **at home**.
깜박하고 재킷을 두고 왔네 / 집에다.

449 I walked by her / **without saying a word**.
난 그녀 곁에서 걸었어 / 말 한 마디 없이.

450 I'm **an expert** / **on** you.
내가 전문가라니까 / 너에 대해서는. (= 나 너에 대해서 모르는 게 없는 사람이야.)

STEP 2 차곡차곡 어휘 쌓기

단어와 뜻을 크게 읽으면서 영어 단어를 정성스레 써 보세요.

tense
긴박한

make the right decision
올바른 결정을 내리다
(make-made-made)

push
다그치다 (push-pushed-pushed)

go behind one's back
누구 모르게 뒤에서 딴짓하다 (go-went-gone)

pick
고르다 (pick-picked-picked)

at the last minute
시간이 임박해서, 마지막 순간에

spur-of-the-moment
충동적인

force oneself to
억지로 ~을 하다 (force-forced-forced)
▶ to 뒤에는 동사원형이 옴

belongings
소지품

like crazy
미친 듯이

take
~을 데려다 주다 (take-took-taken)

share classes
수업을 같이 듣다 (share-shared-shared)

at home
집에 (둔 상태로)

without saying a word
말 한 마디 없이

an expert on
~에 대해서 모르는 게 없는 전문가

 **Don't push me. = 나 좀 다그치지 마라.**
push는 물리적으로 뭔가를 '밀다'로만 쓰이진 않아요. 정신적으로 '밀다'의 의미로도 쓰이죠. 그럴 때는 '닦달하다, 다그치다'의 의미랍니다.

UNIT 30

STEP 3 실제론 요래 쓰여요!

우리말의 색깔 부분에 해당하는 영어 표현을 써 보세요. 정답과 영어 표현은 p.208.

1 A Things got a little _____. 상황이 좀 긴박해졌어.
   B 나쁜 소식인 거야?

2 A I'm sure you'll _____.
      네가 옳은 결정을 할 거라고 난 확신해.
   B 부담이 많이 되네.

3 A 이거 다음 주까지는 꼭 끝내야 해.
   B Don't _____ me. 나 좀 다그치지 마라.

4 A I don't want you to _____.
      나 모르게 뒤에서 딴짓하지 마.
   B 날 못 믿어?

5 A 난 못 갈 것 같아.
   B You can't cancel _____.
      시간이 임박해서 취소하는 건 안 돼.

6 A It was a _____ decision. 그건 충동적인 결정이었어.
   B 그래서 뭐 어쩌라고?

7 A Where do you want me to _____ you?
      어디에 데려다 줄까?
   B 난 그냥 걸어갈래.

8 A 너 재킷은 어디에 있어?
   B I forgot my jacket _____. 깜빡하고 재킷을 집에 두고 왔어.

Pick whatever you want. 네가 원하는 걸로 뭐든 골라 봐.

whatever는 뒤에 주로 <주어+동사> 형태를 취하며, 크게 두 가지 뜻으로 쓰입니다. '~인 건 무엇이든 다'의 의미와 '무엇을(이) ~하더라도'의 의미죠. 이건 문장을 통해서 익혀야 합니다.

e.g. I can speak and think **whatever** I wish. 내가 원하는 것은 무엇이든 다 말하고 생각할 수 있다.
     Whatever may happen, he will come here. 무슨 일이 생기더라도 그는 여기에 올 것이다.

STEP 4 마무리

TEST 1 우리말 표현을 영어로 써 보세요.

~을 데려다 주다	긴박한	시간이 임박해서, 마지막 순간에
한 마디 말 없이	소지품	누구 모르게 뒤에서 딴짓하다
집에 (둔 상태로)	고르다	~에 대해서 모르는 게 없는 전문가
충동적인	올바른 결정을 내리다	수업을 같이 듣다
다그치다	미친 듯이	억지로 ~을 하다

TEST 2 우리말 표현에 맞게 동사 변화를 주세요.

올바른 결정을 내리다		올바른 결정을 내렸다	
다그치다		다그쳤다	
누구 모르게 뒤에서 딴짓하다		누구 모르게 뒤에서 딴짓했다	
고르다		골랐다	
억지로 ~을 하다		억지로 ~을 했다	
~을 데려다 주다		~을 데려다 줬다	
수업을 같이 듣다		수업을 같이 들었다	

1. 동사 pick은 주로 pick up의 형태로 많이 봤을 거예요. pick 단독으로 쓰이면 '(나무에 있는 과일 등을) 따다, (여러 개 중에서) 골라내다'의 의미입니다.
2. belongings는 반드시 -s를 붙여서 써야만 '소지품'의 의미를 지닙니다. -s 없이 쓰는 belonging은 '부속물, 속성, 친밀한 관계'의 의미라 뜻이 달라집니다.

UNIT 30

REVIEW
UNIT 26-30

확인학습 다음 우리말 문장을 영어로 쓰세요.

다음 문장의 빈칸에 들어갈 알맞은 표현을 쓰세요.　　　　　　　　　　　　　　　　　**STEP 1의 번호**

1. You're so e_____. 너 정말 감성적이구나.　　　　　　　376
2. It would be w_____ to wait. 기다려 보는 게 더 현명할 듯하다.　380
3. It was very i_____. 아주 유익했어요.　　　　　　　　　382
4. I was o_____ last night reading about him.　　　　389
   나 어젯밤에 그에 관한 글을 읽느라 인터넷에 들어갔어.
5. She's back f_____. 걔 완전히 돌아왔어.　　　　　　　392
6. Thanks for m_____. 시간 내줘서 고마워.　　　　　　395
7. You seem u_____ this morning.　　　　　　　　　　403
   너 오늘 아침에는 기분이 좋은 것 같다.
8. You guys b_____? 너희들 깨진 거야?　　　　　　　　405
9. She's gonna be here a_____. 그녀가 곧 이리로 도착할 거야.　410
10. It's just l_____. 그냥 뭐 말도 안 되는 소리야.　　　　413
11. She's unbelievably h_____.　　　　　　　　　　　414
    걔 참 믿기 힘들 정도로 섹시하고 매력 있어.
12. Don't make c_____ about him. 그에 대해서 함부로 말하지 마.　417
13. T_____ and reconsider. 잠깐 숨을 좀 돌리고 다시 한 번 잘 생각해 봐.　426
14. How much do you b_____ what you're saying?　428
    너 지금 얼마나 확신하면서 그 말을 하고 있는 거야?
15. How come I c_____? 나는 왜 한푼도 받을 수 없는 건데?　432
16. I let it g_____ too long. 내가 너무 오랫동안 그걸 방치했더라고.　434
17. I'm sure you'll m_____.　　　　　　　　　　　　　437
    내가 확신하는데, 넌 옳은 결정을 할 거야.
18. I don't want you to g_____.　　　　　　　　　　　439
    나 모르게 뒤에서 딴짓하지 마.
19. I walked by her w_____.　　　　　　　　　　　　449
    난 그녀 곁에서 말 한 마디 없이 걸었어.
20. I'm an e_____ you. 나 너에 대해서 모르는 게 없는 사람이야.　450

다음 뜻에 해당하는 영어 단어를 쓰세요.

현명한, 지혜로운	인터넷에 접속한 상태인	뭐 득 될 게 있나?
~을 몹시 싫어하다	~을 그만하다	~에서 도망치다, ~에서 손을 떼다
~에 초대되다	그때	하루가 힘들다
굉장히 멋진, 대단히 아름다운	암울한, 희망이 없는	기분이 좋은, 긍정적인
섹시한, 매력 있는	~을 할 준비를 갖추다	~와 동의하다
후진하다	마치 ~인 것처럼	~을 옳다고 믿다, ~을 확신하다
~을 추적하다	리무진	티가 나는, 분명한
말이 안 되는, 설득력 없는	~을 믿다	~에게 호감이 없다
~을 데려다 주다	긴박한	시간이 임박해서
상황이 계속되다	고의의, 계획적인	숨 돌리고 편히 생각하다
(결혼해서) 아이를 낳다	그 얘기까지 하다	왜 ~라고 생각하는가?
집에 (둔 상태로)	고르다	~에 대해서 모르는 게 없는 전문가
다그치다	미친 듯이	억지로 ~을 하다
유익한	꾸미다, ~인 척하다	잔소리하다, 놀리다
숨은 문제점, 애로사항	사람들을 멀리하고 틀어박히다	새로운 주제로 넘어가다

STEP 1   문장 쓱 보고 듣기

영어 문장과 우리말 해석을 편안한 마음으로 한 번만 읽어 본 후 쓱 들어보세요.

UNIT 31

451 **I bent down** / to tie my shoe.
    난 몸을 숙였어 / 신발끈을 매려고.

452 It seemed like / weeks **went by**.
    마치 / 몇 주는 흘러간 것 같았어.

453 I **practiced** saying it / out loud.
    그거 말하는 것 연습했어 / 큰 소리로.

454 The format's not **compatible**.
    그 포맷은 호환이 안 돼.

455 He drives an old Mustang / **handed down** from his brother.
    그는 오래된 무스탕을 몰고 다녀 / 형한테 물려받은 거지.

456 We have worked on **assignments** / together.
    우리는 그동안 과제물을 했어 / 같이 말이야.

457 He's always looking out windows, / **contemplating** something.
    걔는 항상 창 밖을 봐 / 뭔가를 생각하면서 말이야.

458 I found the various smells **fascinating**.
    다양한 냄새들이 정말 좋았어.

459 That took a lot of **courage**.
    그렇게 하는데 진짜 용기가 많이 필요했어.

460 They're **obsolete**.
    그것들은 지금은 다 한물갔어.

461 That's very **sweet** of you.
    그렇게 말해 주니 정말 고마워.

462 It's **between you and me**.
    이건 우리 둘 사이의 비밀 얘기야.

463 I **feel** much more **at home** / when I write.
    나는 훨씬 마음이 편해 / 글을 쓸 때.

464 We're **in the same boat**.
    우린 이제 한 배를 탄 거야. (= 우리 입장이 같아진 거네.)

465 My phone **is off**.
    내 폰이 꺼져 있네.

STEP 2 차곡차곡 어휘 쌓기

단어와 뜻을 크게 읽으면서 영어 단어를 정성스레 써 보세요.

bend down
몸을 아래로 굽히다 (bend–bent–bent)

go by
시간이 지나가다, 시간이 흐르다 (go–went–gone)

practice
연습하다 (practice–practiced–practiced)
▶ 뒤에 동사 형태가 와야 할 경우 〈동사-ing〉가 옴

compatible
호환이 되는

hand down
~을 물려주다 (hand–handed–handed)

assignment
과제

contemplate
~을 생각하다, ~을 고려하다
(contemplate–contemplated–contemplated)

fascinating
대단히 좋은, 몹시 흥미로운

courage
용기

obsolete
한물간, 더 이상 쓸모가 없는

sweet
고마운, 상냥한

between you and me
비밀인, 너와 나 단 둘이

feel at home
집에 있는 것처럼 마음이 편하다 (feel–felt–felt)

in the same boat
같은 입장에 처한

be off
(전자 기기 등이) 꺼져 있다

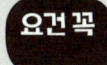 **That's very sweet of you.** = 그렇게 말해 주니 정말 고마워.
That's very sweet of you to say so.가 완전한 문장이지만, 위의 문장처럼 쓰기도 합니다. 뭔가 힘이 되는 말을 해 주거나 친절한 행동을 보였을 때 쓸 수 있어요. 굉장히 활용도가 높은 문장이니 꼭 알아두세요.

UNIT 31

STEP 3   실제론 요래 쓰여요!

우리말의 색깔 부분에 해당하는 영어 표현을 써 보세요. 정답과 영어 표현은 p.209.

1 A It seemed like weeks _____. 몇 주는 흘러간 것 같았어.
  B 굉장히 긴장했었구나.

2 A I _____ saying it out loud.
   난 그거 큰 소리로 말하는 연습을 했어.
  B 그래서 효과가 있었어?

3 A The format's not _____. 그 포맷은 호환이 안 돼.
  B 내가 그럴 줄 알았어.

4 A He drives an old Mustang _____ from his brother. 걔 형한테 물려받은 오래된 무스탕 몰고 다녀.
  B 난 무스탕 한번도 타 본 적 없는데.

5 A I found the various smells _____.
   다양한 냄새들이 정말 좋았어.
  B 나, 네가 좋아할 줄 알았어.

6 A That took a lot of _____.
   그렇게 하는데 정말 용기가 많이 필요했어.
  B 네가 그렇게 용기 있는 줄 몰랐다.

7 A It's _____. 이건 우리 둘 사이의 비밀 얘기야.
  B 절대 발설하지 않을게.

8 A I _____ much more _____ when I write. 나는 글을 쓸 때 훨씬 마음이 편해.
  B 그럼 작가하면 되잖아.

실력이 쑥!

I practiced saying it out loud. 난 그거 큰 소리로 말하는 연습을 했어.
practice는 '~을 연습하다, ~하는 걸 연습하다'의 의미입니다. 어떤 행위나 동작을 연습한다고 할 때, practice 뒤에는 <동사-ing>가 오지요. 이걸 어려운 말로 동명사라고 합니다. 혹시 <to+동사원형>을 써도 되지 않냐고 하는 분들도 계실 텐데요, practice는 동명사만을 취할 수 있답니다. give up(포기하다), deny(부정하다), avoid(회피하다) 등이 동명사를 취하는 대표적인 동사입니다.

STEP 4 마무리

TEST 1 우리말 표현을 영어로 써 보세요.

용기	과제	시간이 지나가다
같은 입장에 처한	몸을 아래로 굽히다	고마운, 상냥한
호환이 되는	비밀인, 너와 나 단 둘이	(전자 기기 등이) 꺼져 있다
연습하다	대단히 좋은, 몹시 흥미로운	집에 있는 것처럼 마음이 편하다
한물간	~을 생각하다, ~을 고려하다	~을 물려주다

TEST 2 우리말 표현에 맞게 동사 변화를 주세요.

몸을 아래로 굽히다		몸을 아래로 굽혔다	
시간이 지나가다		시간이 지나갔다	
연습하다		연습했다	
~을 물려주다		~을 물려줬다	
~을 생각하다, ~을 고려하다		~을 생각했다, ~을 고려했다	
마음이 편하다		마음이 편했다	

비슷비슷한 의미인 think, consider, contemplate의 미묘한 차이를 느껴 봅시다.
think: 생각하다―그럴 것 같다고 느낌이 들다, 어떤 것에 대해 의견을 갖다
consider: 고려하다―어떤 것에 대해 깊게 생각하다
contemplate: 심사숙고하다―뭔가를 할지 말지 생각하다, 오랫동안 뭔가에 관해 생각하다

STEP 1 문장 쓰윽 보고 듣기

영어 문장과 우리말 해석을 편안한 마음으로 한 번만 읽어 본 후 쓰윽 들어보세요.

UNIT 32

466 | We talked / about **helicopter parenting**.
우리 대화를 나눴어 / 극성 부모의 육아에 대해서.

467 | Let me use the **restroom** / real quick.
저 화장실 좀 다녀올게요 / 급히.

468 | I should **get out of here**.
나 그만 가 봐야겠어.

469 | That dress does not **belong** / in this office.
그 옷은 적절치 않아 / 이 사무실에서는.

470 | It doesn't **ring a bell**.
전혀 기억이 안 나네.

471 | This can't be **surprising** / to you / anymore.
이게 놀랄 일이 아니겠지 / 너에게 / 더 이상.

472 | My driver's license **expired** / last year.
내 운전면허 유효 기간 끝났어 / 작년에.

473 | He**'s bound to** find out / sooner or later.
틀림없이 그가 알게 될 거야 / 조만간.

474 | That's a new piece of **information**.
그건 새로운 정보인데.

475 | It's too **risky**.
그 일은 너무 위험해.

476 | We just need to **stick together**.
우리 힘을 합쳐야 해.

477 | I never meant to **put** your reputation **on the line**.
자네의 명성에 금이 가게 할 의도는 전혀 없었어.

478 | I need you to **go through** those files.
그 파일들을 죄다 조사하도록 해.

479 | It's so **stuffy** / in here.
환기가 안 돼서 답답하네 / 이 안이.

480 | He's gonna be **suspicious**.
걔가 분명히 의심할 텐데.

STEP 2 차곡차곡 어휘 쌓기

단어와 뜻을 크게 읽으면서 영어 단어를 정성스레 써 보세요.

helicopter parenting
극성 부모의 육아

restroom
(식당, 극장, 쇼핑몰 등의) 화장실

get out of here
여기에서 나가다 (get-got-got[ten])

belong
어울리다, 포함되다
(belong-belonged-belonged)

ring a bell
귀에 익다, 생각이 나다 (ring-rang-rung)

surprising
놀랄 만한, 놀라게 하는

expire
만기가 되다 (expire-expired-expired)

be bound to
~하게 될 가능성이 크다
▶ 뒤에 동사원형이 옴

information
정보

risky
위험한

stick together
뭉치다, 단결하다 (stick-stuck-stuck)

put something on the line
뭔가를 위태롭게 하다 (put-put-put)

go through
조사하다 (go-went-gone)

stuffy
환기가 안 되어서 답답한

suspicious
의심스러워 하는

 **That dress does not belong in this office.** = 그 옷은 이 사무실 안에서 적절치 않아.
belong의 원뜻은 '~에 소속이 되다'입니다. 그런데 옷이 사무실에 소속이 안 되었다는 건, 사무실 드레스 코드에 맞지 않고 아주 튄다는 의미입니다. That dress 대신 다른 것을 넣어 활용해 볼 수 있는 표현이죠.

UNIT 32

STEP 3   실제론 요래 쓰여요!

우리말의 색깔 부분에 해당하는 영어 표현을 써 보세요. 정답과 영어 표현은 p.209.

1. A 무슨 얘기했어?
   B We talked about _____.
   우리 극성 부모의 육아에 대해서 대화했어.

2. A I should _____. 나 그만 가 봐야겠다.
   B 내일 전화 줘.

3. A That dress does not _____ in this office.
   그 옷은 이 사무실 안에서 적절치 않아.
   B 이것 말고는 입을 게 없는데.

4. A 내가 지난 주에 말한 거 기억 안 나?
   B It doesn't _____. 전혀 기억이 나질 않아.

5. A My driver's license _____ last year.
   내 운전면허 작년에 유효 기간 끝났어.
   B 그런데 지금도 운전하고 있는 거야?

6. A It's too _____. 그 일은 너무 위험한데.
   B 하지만 시도해 볼 만한 값어치는 있어.

7. A We just need to _____. 우리 힘을 합쳐야 해.
   B 생각 좀 해 보고.

8. A I need you to _____ those files.
   그 파일들을 죄다 조사하도록 해.
   B 저 혼자요?

실력이 쓱! Let me use the restroom real quick. 저 급히 화장실 좀 다녀올게요.
〈Let me+동사원형〉은 직역하면 '제가 ~하게 해주세요'이지만 실제로는 '제가 ~할게요'로 뭔가를 하겠다는 의지를 나타내는 표현입니다. 앞으로 영어 문장에서 Let me ~가 나오면 이렇게 해석하도록 하세요.

STEP 4 마무리

TEST 1 우리말 표현을 영어로 써 보세요.

놀랄 만한, 놀라게 하는	조사하다	극성 부모의 육아
위험한	의심스러워 하는	어울리다, 포함되다
정보	뭉치다, 단결하다	환기가 안 되어서 답답한
~하게 될 가능성이 크다	(식당, 극장, 쇼핑몰 등의) 화장실	뭔가를 위태롭게 하다
만기가 되다	여기에서 나가다	귀에 익다, 생각이 나다

TEST 2 우리말 표현에 맞게 동사 변화를 주세요.

여기에서 나가다		여기에서 나갔다	
어울리다, 포함되다		어울렸다, 포함됐다	
귀에 익다, 생각이 나다		귀에 익었다, 생각이 났다	
뭉치다, 단결하다		뭉쳤다, 단결했다	
뭔가를 위태롭게 하다		뭔가를 위태롭게 했다	
조사하다		조사했다	

helicopter parenting은 헬리콥터처럼 자녀의 머리 위를 맴돌며 자녀 양육과 교육에 극성스러울 정도로 관심을 쏟는 육아법을 지칭하는 용어예요. 1991년 미국 뉴스위크지의 제드 제먼이 처음 소개한 말인데요, 이와 더불어 많이 언급되는 게 Tiger mom이죠. 통제와 규율로 자녀를 엄격하게 훈육하는 엄마를 이르는 말로, 예일대 로스쿨 교수인 에이미 추아가 제시한 개념입니다. 어떤 양육법이든 지나치면 안 좋은 법이지요.

UNIT 32

STEP 1 문장 쓰윽 보고 듣기

영어 문장과 우리말 해석을 편안한 마음으로 한 번만 읽어 본 후 쓰윽 들어보세요.

481 **You catch on quick.**
이해가 빠르군.

482 **Are you keeping track?**
너 계속 내 뒷조사하고 다니니?

483 **I don't mean to intrude.**
일부러 방해할 생각은 아니에요.

484 **I overstepped** / last week.
제가 좀 도를 넘는 행동을 했네요 / 지난 주에는.

485 **I'm going to take a rain check.**
그건 나중에 하도록 하지.

486 **She's not relevant** / to this accident.
그녀는 관련이 없어 / 이 사건과는.

487 **You wanna party** / with us / tonight?
너 파티하고 싶니 / 우리랑 / 오늘 밤에? (= 너 오늘 밤에 우리 파티하는데 올래?)

488 **Don't be cocky.**
자만하지 마.

489 **It's unbecoming** / on you.
그건 어울리지 않는 태도인 걸 / 너한테.

490 **I can pull it off.**
그 일은 내가 해낼 수 있어.

491 **You're not that sentimental.**
네가 그 정도로 감성적이지는 않잖아.

492 **You're far too valuable** / to be wasting your time / on this.
넌 아주 소중한 사람이야 / 네 시간을 낭비하기엔 말이지 / 여기에.
(= 네가 얼마나 소중한 사람인데 이런 일에 시간을 낭비하니. 안 돼.)

493 **You recognize me.**
제가 누군지 알아보시겠죠.

494 **Get off my property.**
우리 집에서 꺼져.

495 **He's in a bind.**
걔 지금 곤경에 처해 있어.

STEP 2 차곡차곡 어휘 쌓기

단어와 뜻을 크게 읽으면서 영어 단어를 정성스레 써 보세요.

catch on
이해하다 (catch-caught-caught)

keep track
계속 정보를 수집하다 (keep-kept-kept)

intrude
방해하다 (intrude-intruded-intruded)

overstep
도를 넘어서다 (overstep-overstepped-overstepped)

take a rain check
나중에 하다, 연기하다 (take-took-taken)

relevant
관련이 있는
▶ 관련된 사항은 〈to+관련된 대상〉으로 표현

party
파티를 하다, 먹고 마시며 놀다
(party-partied-partied)

cocky
자만하는, 자만심에 찬

unbecoming
어울리지 않는

pull off
~을 해내다 (pull-pulled-pulled)

sentimental
감성적인

valuable
소중한, 귀중한

recognize
~을 알아보다, ~을 인지하다
(recognize-recognized-recognized)

property
(건물과 대지를 포함한) 집

in a bind
곤경에 처한 상태인

 I'm going to **take a rain check**. = 그건 나중에 하도록 하지.
rain check은 비 때문에 경기나 공연이 취소될 때 나중에 쓸 수 있도록 주는 '표'를 뜻하는 말이에요. 이것이 take와 함께 쓰이면 제의나 초대 등을 거절하면서 다음 번에 받아들이겠다는 뜻이 되지요.

UNIT 33

STEP 3 실제론 요래 쓰여요!

우리말의 색깔 부분에 해당하는 영어 표현을 써 보세요. 정답과 영어 표현은 p.210.

1 A 지금부터 이 일은 내가 맡아서 하라고?
   B You _____ quick. 이해가 빠르네.

2 A Are you _____? 너 계속 내 뒷조사하고 다니니?
   B 내가? 왜?

3 A I don't mean to _____. 일부러 방해할 생각은 아니에요.
   B 괜찮아요. 무슨 일로 오셨어요?

4 A 우리 저녁 같이 먹을까?
   B I'm going to _____. 그건 나중에 하도록 하지.

5 A She's not _____ to this accident.
      그녀는 이 사건과 관련이 없어.
   B 이렇게 확실한 증거가 있는데.

6 A Don't be _____. 자만하지 마.
   B 자만이 아니라 팩트야, 팩트.

7 A It's _____ on you. 그건 너한테 어울리지 않는 태도야.
   B 나한테 어울리는 태도가 뭔데?

8 A You're not that _____.
      네가 그 정도로 감성적이지는 않잖아.
   B 네가 날 전혀 모르는구나.

You're far too valuable to be wasting your time on this.
too ~ to … 용법이라고 들어보셨죠? ~ 자리에는 상태를 나타내는 단어(형용사, 부사)가, … 자리에는 동사원형이 들어갑니다. 뜻은 두 가지죠. '상태가 너무 ~해서 …할 수 없다' 또는 '…하기에는 상태가 너무 ~하다'입니다. 어떤 뜻으로 할지는 한국어 실력에 맡기는 수밖에요.

STEP 4 마무리

TEST 1 우리말 표현을 영어로 써 보세요.

(건물과 대지를 포함한) 집	도를 넘어서다	어울리지 않는
이해하다	파티를 하다, 먹고 마시며 놀다	귀중한, 소중한
계속 정보를 수집하다	감성적인	나중에 하다, 연기하다
~을 알아보다, ~을 인지하다	곤경에 처한 상태인	방해하다
~을 해내다	자만하는, 자만심에 찬	관련이 있는

TEST 2 우리말 표현에 맞게 동사 변화를 주세요.

이해하다		이해했다	
계속 정보를 수집하다		계속 정보를 수집했다	
방해하다		방해했다	
도를 넘어서다		도를 넘어섰다	
나중에 하다, 연기하다		나중에 했다, 연기했다	
파티를 하다, 먹고 마시며 놀다		파티를 했다, 먹고 마시며 놀았다	
~을 해내다		~을 해냈다	

알쏭달쏭 아! 영어에 '집'을 뜻하는 단어들이 꽤 있습니다. 한번 정리해 볼까요?
house: 사람들이 사는 건물로서의 '집'   home: 건물이 아닌 한 가족이 사는 '집' 또는 '가정'의 의미
place: 렌트나 하숙, 홈스테이 등의 형태로 거주하는 '집'은 house가 아니라 place
property: 부동산이나 소유의 개념으로서의 '집'으로 건물과 대지를 포함한 집을 의미

UNIT 33

STEP 1 문장 쓰윽 보고 듣기

영어 문장과 우리말 해석을 편안한 마음으로 한 번만 읽어 본 후 쓰윽 들어보세요.

496 **Find out** / if there's **a smoking gun**.
알아내 / 확실한 증거가 있는지.

497 I wasn't **born** / **yesterday**.
나 태어나지 않았다 / 어제. (= 내가 그렇게 쉽게 속을 것 같니?)

498 You can't **lay into** me / that way.
네가 나를 비난하면 안 되지 / 그런 식으로.

499 What exactly are you **getting at**?
지금 정확히 무슨 말을 하시려는 겁니까?

500 Their product can't **compete** / with ours.
그들의 상품은 경쟁이 안 돼 / 우리 상품과.

50 That's **dedication**.
그 정도면 헌신적인 거네.

502 I **admire** that.
그건 정말 존경스럽습니다.

503 He has been at the company / **far shorter than** you.
걔가 회사에 있는 거잖아 / 너보다 훨씬 짧게. (= 걔가 너보다 그 회사에서 일한 경력이 훨씬 짧잖아.)

504 I applied for that position, / and was **turned down**.
그 자리에 지원했는데 / 거절당했어.

505 I was **overlooked** / for a promotion / again.
나 누락됐어 / 승진에서 / 또.

506 The book **sucks**.
그 책 정말 형편 없어.

507 That was pretty **spectacular**, / wasn't it?
그거 정말 끝내줬어 / 안 그러든?

50 If you don't, / I'm **coming forward**.
네가 안 하면 / 내가 나설 거야.

509 The company is **declaring bankruptcy**.
그 회사가 파산을 선언할 거야.

510 Why did you **cover** / for me?
왜 둘러대 준 거야 / 나 대신?

STEP 2 차곡차곡 어휘 쌓기

단어와 뜻을 크게 읽으면서 영어 단어를 정성스레 써 보세요.

a smoking gun
확실한 증거

born yesterday
쉽사리 속는, 애송이인

lay into
~을 몹시 비난하다 (lay-laid-laid)

get at
말의 중심이 ~에 이르다 (get-got-got[ten])

compete
경쟁하다
(compete-competed-competed)

dedication
헌신

admire
~을 존경하다 (admire-admired-admired)

far shorter than
~보다 훨씬 짧게

turn down
거절하다 (turn-turned-turned)

overlook
~을 고려 대상으로 삼지 않다
(overlook-overlooked-overlooked)

suck
형편 없다, 엉망이다 (suck-sucked-sucked)

spectacular
끝내주는, 대단한

come forward
앞으로 나서다 (come-came-come)

declare bankruptcy
파산을 선언하다 (declare-declared-declared)

cover
적당히 둘러대다 (cover-covered-covered)

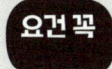 **What exactly are you getting at?** = 지금 정확히 무슨 말을 하시려는 겁니까?
직역하면 '정확하게 닿으려고 하는 중심점이 무엇입니까?'예요. 즉, 이야기의 주제가 명확하지 않거나 뭔가 곁다리만 두드리는 듯한 느낌일 때 쓸 수 있는 표현이에요.

UNIT 34

STEP 3 실제론 요래 쓰여요!

우리말의 색깔 부분에 해당하는 영어 표현을 써 보세요. 정답과 영어 표현은 p.210.

1 A Find out if there's _____.
      확실한 증거가 있는지 알아내.
   B 내일까지 알아내겠습니다.

2 A 저는 그거 관련해서 정말 아무 것도 모릅니다.
   B I wasn't _____. 내가 그렇게 쉽게 속을 것 같니?

3 A You can't _____ me that way.
      네가 그런 식으로 나를 비난하면 안 되지.
   B 난 네가 무슨 소리하는지 모르겠어.

4 A Their product can't _____ with ours.
      그들의 상품은 우리 거랑 경쟁이 안 돼.
   B 어떤 면에서 그렇죠?

5 A I _____ that. 그건 정말 존경스럽습니다.
   B 그건 너무 과장된 발언입니다.

6 A I applied for that position, and was _____.
      그 자리에 지원했는데 거절당했어.
   B 네가 필요 이상의 자격을 갖추어서 그랬을 거야.

7 A 그 책 어때?
   B The book _____. 그 책 정말 형편 없어.

8 A If you don't, I'm _____. 네가 안 하면 내가 나설 거야.
   B 우리 그냥 좀 두고 보자.

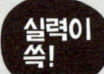

If you don't, I'm **coming forward**. 네가 안 하면 내가 나설 거야.
The company is **declaring bankruptcy**. 그 회사가 파산을 선언할 거야.

둘 다 현재진행형(I'm coming ~, is declaring ~)이지만 현재 하고 있는 행동을 나타내지 않고 있습니다. 이미 마음 속으로나 일정상 거의 확정된 가까운 미래의 일을 말할 때 이렇게 현재진행형을 쓰는 경우가 참 많습니다. 역시 문맥을 파악해야 알 수 있는 것으로 영어를 잘하려면 한국어 실력이 정말 중요합니다.

STEP 4 마무리

TEST 1 우리말 표현을 영어로 써 보세요.

~을 몹시 비난하다	형편 없다, 엉망이다	앞으로 나서다
적당히 둘러대다	헌신	거절하다
확실한 증거	말의 중심이 ~에 이르다	파산을 선언하다
~을 존경하다	경쟁하다	끝내주는, 대단한
쉽사리 속는, 애송이인	~을 고려 대상으로 삼지 않다	~보다 훨씬 짧게

TEST 2 우리말 표현에 맞게 동사 변화를 주세요.

~을 몹시 비난하다		~을 몹시 비난했다	
말의 중심이 ~에 이르다		말의 중심이 ~에 이르렀다	
경쟁하다		경쟁했다	
거절하다		거절했다	
앞으로 나서다		앞으로 나섰다	
파산을 선언하다		파산을 선언했다	
형편 없다, 엉망이다		형편 없었다, 엉망이었다	

smoking gun은 '연기 나는 총'이에요. 서부 활극을 보면 통나무에 범죄자를 묶어 놓고 여러 명의 총잡이가 총을 겨누는 장면이 나옵니다. 그러곤 총성이 울리죠. 누구의 총에서 총알이 발사된 것인지는 아주 간단히 알 수 있습니다. 바로 '연기 나는 총'을 갖고 있는 총잡이죠. 잠시 후에 그 총잡이는 옅은 미소를 지으며 연기 나는 총을 입가에 갖다 대고 연기를 훅 불어 없앱니다. smoking gun, '확실한 증거' 맞네요.

UNIT 34

STEP 1   문장 쓰윽 보고 듣기

영어 문장과 우리말 해석을 편안한 마음으로 한 번만 읽어 본 후 쓰윽 들어보세요.

UNIT 35

511 **Can I be honest** / with you?
제가 솔직해도 될까요 / 당신한테? (= 솔직히 말씀드릴까요?)

512 **You tried to sabotage** / my relationship with her.
네가 방해하려고 했잖아 / 나와 그녀와의 관계를 말이야.

513 **You defeated me.**
결국 네가 나를 이겼구나.

514 **He's up to something.**
걔 지금 바빠. 뭔 일을 벌이고 있어.

515 **Can we just please cut the small talk?**
우리 잡담은 그만할까요?

516 **I admit** / I haven't always been **well-behaved**.
인정해. / 내가 늘 예의 바르게 행동하진 않았다는 걸.

517 **Now** / we're **even**.
자, / 우리 이제 비긴 거다. (= 더 이상 너에게 빚진 것 없어.)

518 **People hit their prime** / at different ages.
사람들이 전성기를 찍죠 / 각자 다른 나이에요.

519 **That is** / what I'm here to **prove**.
그거야 / 내가 증명하려고 여기 온 게.

520 **I'm a straight shooter.**
저는 정직하고 고지식한 사람입니다. (= 돌직구를 날리는 사람이죠.)

521 **I hired her** / **on the spot**.
난 그녀를 채용했어 / 즉석에서.

522 **I don't mean to disrespect you.**
당신께 무례하게 굴 의도는 전혀 없습니다.

523 **I don't have a guilty conscience.**
양심의 가책 같은 건 없어요.

524 **I'm stuffed up.**
코가 꽉 막혀서 숨을 쉴 수가 없어.

525 **You're off to a good start.**
출발이 좋군요.

STEP 2 차곡차곡 어휘 쌓기

단어와 뜻을 크게 읽으면서 영어 단어를 정성스레 써 보세요.

honest
솔직한

sabotage
고의적으로 방해하다
(sabotage-sabotaged-sabotaged)

defeat
~을 물리치다, ~에게 이기다
(defeat-defeated-defeated)

be up to
바삐 뭔가 좋지 않은 일을 꾸미다

cut the small talk
잡담을 그만하다 (cut-cut-cut)

well-behaved
예의 바른, 품행이 바른

even
대등한, 비긴

hit one's prime
전성기에 이르다 (hit-hit-hit)

prove
~을 증명하다, ~을 입증하다
(prove-proved-proved)

a straight shooter
고지식한 사람, 정직한 사람

on the spot
즉석에서, 현장에서

disrespect
~에게 무례하게 행동하다 (disrespect-
disrespected-disrespected)

a guilty conscience
양심의 가책

stuffed up
코가 막혀서 숨쉬기가 힘든

off to a good start
출발이 좋은

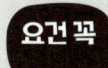

요건 꼭 Now we're even. = 자, 우리 이제 비긴 거다.
우리말로 '이제 쎄임쎄임이다'라는 말, 많이 하죠? '너나 나나 한 번씩 주고 받아서 똑같은 처지이다'라는
의미로 쓰는데, 그게 영어로는 We're even.입니다.

UNIT 35

STEP 3 실제론 요래 쓰여요!

우리말의 색깔 부분에 해당하는 영어 표현을 써 보세요. 정답과 영어 표현은 p.211.

1　A　Can I be _____ with you? 솔직히 말씀드릴까요?
　　B　그래야지.

2　A　You tried to _____ my relationship with her.
　　　　네가 나와 그녀와의 관계를 방해하려고 했잖아.
　　B　난 절대 그런 적 없어.

3　A　He _____ something.
　　　　걔 지금 바삐 뭔 일을 벌이고 있어.
　　B　그럴 리가.

4　A　Can we just please _____ ?
　　　　우리 잡담은 그만할까요?
　　B　우리가 지금부터 뭘 하면 되죠?

5　A　Now we're _____.
　　　　우리 이제 비겼어. 더 이상 너에게 빚진 것 없어.
　　B　너 나한테 빚진 거 없었어.

6　A　나 걔 때린 적 없어.
　　B　That is what I'm here to _____.
　　　　내가 그걸 증명하려고 이 자리에 있는 거잖아.

7　A　I hired her _____. 내가 즉석에서 그녀를 채용했어.
　　B　너답지 않게 웬 일이야.

8　A　I don't have _____. 양심의 가책 같은 건 없어요.
　　B　본인은 잘못이 전혀 없다는 말씀인가요?

> **실력이 쓱!**　That is what I'm here to **prove**. 그걸 증명하려고 내가 여기 왔잖아.
> 여기서 what은 '무엇'의 의미가 아닙니다. '~인 것/~한 것'의 뜻이죠. <be동사+here to+동사원형>은 '~하기 위해 여기 왔다'로 해석하면 됩니다. 의외로 많이 놓치는 부분들이니까 확실히 알아두세요.

STEP 4 마무리

TEST 1 우리말 표현을 영어로 써 보세요.

~을 물리치다, ~에게 이기다	코가 막혀서 숨쉬기가 힘든	대등한, 비긴
솔직한	출발이 좋은	즉석에서, 현장에서
고의적으로 방해하다	양심의 가책	예의 바른, 품행이 바른
바삐 뭔가 좋지 않은 일을 꾸미다	~에게 무례하게 행동하다	~을 증명하다, ~을 입증하다
잡담을 그만하다	고지식한 사람, 정직한 사람	전성기에 이르다

TEST 2 우리말 표현에 맞게 동사 변화를 주세요.

고의적으로 방해하다		고의적으로 방해했다	
~을 물리치다, ~에게 이기다		~을 물리쳤다, ~에게 이겼다	
잡담을 그만하다		잡담을 그만했다	
전성기에 이르다		전성기에 이르렀다	
~을 증명하다, ~을 입증하다		~을 증명했다, ~을 입증했다	

sabotage가 동사로는 '고의로 방해하다'의 뜻이지만 명사로는 '고의적인 업무 방해'의 뜻이 있습니다. 이번에는 노동 쟁의와 관련한 표현을 알아보겠습니다.
strike: 파업 → 임금 협상이나 노동 조건 향상을 위해 긴 시간 동안 근로자들이 업무를 하지 않는 것
slowdown(= go-slow): 태업 → 의도적으로 일을 게을리 함으로써 사용주에게 손해를 입히는 것
sabotage: 제품 파손, 불량제품 생산 또는 업무 방해 등의 적극적인 사보타주, 제3자에게 영업 비밀이나 불법 행위를 폭로하는 폭로 사보타주, 일은 하지만 작업의 능률은 저하시키는 소극적인 사보타주가 있음
boycott: 사용자가 제공하는 시설의 이용을 집단적으로 거부하는 행위

UNIT 35

REVIEW
UNIT 31-35

확인학습 다음 우리말 문장을 영어로 쓰세요.

다음 문장의 빈칸에 들어갈 알맞은 표현을 쓰세요.

STEP 1의 번호

1 I p_____ saying it out loud. 난 그걸 큰 소리로 말하는 연습을 했어. 453
2 He's always looking out windows, c_____ something. 457
   걔는 뭔가를 생각하면서 항상 창 밖을 봐.
3 They're o_____. 그것들은 지금은 다 한물갔어. 460
4 We're i_____. 우린 이제 한 배를 탄 거야. 464
5 I should g_____. 나 그만 가 봐야겠어. 468
6 This can't be s_____ to you anymore. 이게 너에겐 더 이상 놀랄 일이 아니겠지. 471
7 It's too r_____. 그 일은 너무 위험해. 475
8 I never meant to p_____ your reputation o_____. 477
   자네의 명성에 금이 가게 할 의도는 전혀 없었어.
9 It's so s_____ in here. 이 안은 환기가 안 돼서 답답하네. 479
10 Are you k_____? 너 계속 내 뒷조사하고 다니니? 482
11 I o_____ last week. 지난 주에는 제가 좀 도를 넘는 행동을 했네요. 484
12 I'm going to t_____. 그건 나중에 하도록 하지. 485
13 You're not that s_____. 네가 그 정도로 감성적이지는 않잖아. 491
14 Get off my p_____. 우리 집에서 꺼져. 494
15 Find out if there's a s_____. 확실한 증거가 있는지 알아내. 496
16 Their product can't c_____ with ours. 그들의 상품은 우리 상품과 경쟁이 안 돼. 500
17 I a_____ that. 그건 정말 존경스럽습니다. 502
18 He has been at the company f_____. 503
   걔가 너보다 그 회사에서 일한 경력이 훨씬 짧잖아.
19 I applied for that position, and was t_____. 그 자리에 지원했는데 거절당했어. 504
20 Why did you c_____ for me? 왜 나 대신 둘러대 준 거야? 510
21 You d_____ me. 결국 네가 나를 이겼구나. 513
22 He's u_____. 걔 지금 바삐 뭔 일을 벌이고 있어. 514
23 Can we just please c_____? 우리 잡담은 그만할까요? 515
24 You're o_____. 출발이 좋군요. 525

다음 뜻에 해당하는 영어 단어를 쓰세요.

잡담을 그만하다	고지식한 사람, 정직한 사람	전성기에 이르다
호환이 되는	비밀인, 너와 나 단 둘이	(전기 기기 등이) 꺼져 있다
만기가 되다	여기에서 나가다	귀에 익다, 생각이 나다
놀랄 만한, 놀라게 하는	조사하다	극성 부모의 육아
정보	뭉치다, 단결하다	환기가 안 되어서 답답한
(건물과 대지를 포함한) 집	도를 넘어서다	어울리지 않는
확실한 증거	말의 중심이 ~에 이르다	파산을 선언하다
한물간	~을 생각하다, ~을 고려하다	~을 물려주다
계속 정보를 수집하다	감성적인	나중에 하다, 연기하다
~을 해내다	자만하는, 자만심에 찬	관련이 있는
쉽사리 속는, 애송이인	~을 고려 대상으로 삼지 않다	보다 훨씬 짧게
~을 물리치다, ~에게 이기다	코가 막혀서 숨쉬기가 힘든	대등한, 비긴
몹시 비난하다	형편 없다, 엉망이다	앞으로 나서다
고의적으로 방해하다	양심의 가책	예의 바른, 품행이 바른
용기	과제	시간이 지나가다, 시간이 흐르다

STEP 1 문장 쓰윽 보고 듣기

UNIT 36

영어 문장과 우리말 해석을 편안한 마음으로 한 번만 읽어 본 후 쓰윽 들어보세요.

526 He **regrets** it / to this day.
걔가 그거 후회하고 있어 / 지금까지도 말이야.

527 I'll **get out of your hair**.
귀찮게 하지 않을게요.

528 We have to be **beyond reproach**.
우리 나무랄 데 없이 똑 부러지게 해야 해.

529 **It feels like yesterday** / I was telling you all this.
엊그제 같은데 말이야 / 내가 너한테 이 모든 걸 얘기했던 게.

530 Just **get smarter**.
상황을 좀 더 확실하게 파악하도록 해.

531 We got **significant** information.
우리는 아주 중요한 정보를 얻었어.

532 You **get your act together**.
마음을 잘 가다듬고 좀 효과적으로 행동해 봐.

533 Are you **threatening** me?
지금 나 협박하는 거냐?

534 It's / how I **grew up**.
그렇게 / 내가 자랐어.

535 I want you to **commit** / that you will succeed.
네가 마음속에 새겨 두면 좋겠어 / 네가 성공할 거라는 걸.

536 He's **a live wire**.
쟤는 에너지가 넘친다, 넘쳐.

537 He's **marking his territory**.
저 강아지 지금 자기 영역 표시하고 있네.

538 You're **switching** the subject / again.
너 주제 바꾼다 / 또.

539 Don't **sucker** your brother.
너 네 형 속이면 안 돼.

540 We don't **welch**.
우리, 약속 안 어겨.

170

STEP 2   차곡차곡 어휘 쌓기

단어와 뜻을 크게 읽으면서 영어 단어를 정성스레 써 보세요.

regret
후회하다 (regret–regretted–regretted)

get out of one's hair
누군가를 귀찮게 하지 않다 (get–got–got[ten])

beyond reproach
나무랄 데 없는, 똑 부러지는

It feels like yesterday
~이 엊그제 같다
▶ 뒤에 과거의 행동이 나옴

get smart
상황을 확실히 파악하다 (get–got–got[ten])

significant
아주 중요한, 중대한

get one's act together
(마음을 가다듬고) 효과적으로 행동하다 (get–got–got[ten])

threaten
~을 협박하다 (threaten–threatened–threatened)

grow up
성장하다 (grow–grew–grown)

commit
~을 마음에 새기다 (commit–committed–committed)

a live wire
에너지가 넘치는 사람, 활동가

mark one's territory
자기 영역을 표시하다 (mark–marked–marked)

switch
~을 바꾸다 (switch–switched–switched)

sucker
~을 속이다 (sucker–suckered–suckered)

welch
약속을 어기다

 **We have to be beyond reproach.** = 우리 나무랄 데 없이 똑 부러지게 해야 해.
beyond는 '~을 넘어서서'이고, reproach는 '비난'의 뜻입니다. '비난을 넘어서서'는 '비난 받거나 할 일이 없는'의 의미로 '똑 부러지게 일 처리를 잘해서 나무랄 데 없는'의 뜻이 됩니다.

UNIT 36

STEP 3 실제론 요래 쓰여요!

우리말의 색깔 부분에 해당하는 영어 표현을 써 보세요. 정답과 영어 표현은 p.211.

1   A 걔 영어 공부 전혀 안 했어.
    B He _____ it to this day. 걔 지금까지도 그거 후회하잖아.

2   A 당신이랑 같이 일하고 싶지 않아요.
    B I'll _____ . 귀찮게 하지 않을게요.

3   A _____ I was telling you all this.
       내가 너한테 이 모든 걸 얘기하던 게 엊그제 같은데.
    B 세월 정말 빠르다.

4   A Just _____ . 상황을 좀 더 확실하게 파악하도록 해.
    B 그걸 어떻게 해야 하는지 모르겠는데요, 전.

5   A Are you _____ me? 지금 나 협박하는 거야?
    B 맞아. 협박하는 거야.

6   A I want you to _____ that you will succeed.
       네가 성공할 거라는 거, 마음에 새겨 두면 좋겠다.
    B 난 자신이 없어.

7   A 쟤 지금 뭐 하고 있는 거야?
    B He's _____ .
       저 강아지 지금 자기 영역 표시하고 있는 거야.

8   A Don't _____ your brother. 너 너네 형 속이면 안 돼.
    B 재미있잖아.

실력이 쏙! 영어 문장을 보다 보면 It's/That's how ~.의 구조가 심심치 않게 보입니다. how 뒤의 ~ 자리에는 <주어+동사 ~>의 구조가 오지요. 이것은 '그렇게 해서 ~가 된 거야'로 해석하면 한결 영어가 쉬워집니다. 이때의 how를 굳이 해석하려고 하기 보다는 어떤 상태에 이르게 된 방법을 이끄는 단어로 생각하세요.

STEP 4 마무리

TEST 1 우리말 표현을 영어로 써 보세요.

약속을 어기다	성장하다	~을 바꾸다
상황을 확실히 파악하다	후회하다	에너지가 넘치는 사람, 활동가
누군가를 귀찮게 하지 않다	~을 마음에 새기다	나무랄 데 없는, 똑 부러지는
~을 속이다	아주 중요한, 중대한	~을 협박하다
자기 영역을 표시하다	(마음을 가다듬고) 효과적으로 행동하다	~이 엊그제처럼 같다

TEST 2 우리말 표현에 맞게 동사 변화를 주세요.

후회하다		후회했다	
누군가를 귀찮게 하지 않다		누군가를 귀찮게 하지 않았다	
효과적으로 행동하다		효과적으로 행동했다	
~을 협박하다		~을 협박했다	
~을 마음에 새기다		~을 마음에 새겼다	
자기 영역을 표시하다		자기 영역을 표시했다	
~을 속이다		~을 속였다	

suck은 오렌지에서 즙을 빨아먹다 할 때의 '빨다, 빨아먹다'의 뜻입니다. 물론 '엉망이다, 형편없다'의 뜻으로도 회화체에서 굉장히 많이 쓰입니다. 이 suck에다 -er을 붙인 sucker는 동사로 '~을 속이다'의 의미가 됩니다. 비슷비슷해서 헷갈릴 수 있으니 확실히 알아두세요.

STEP 1 문장 쓰윽 보고 듣기

영어 문장과 우리말 해석을 편안한 마음으로 한 번만 읽어 본 후 쓰윽 들어보세요.

UNIT 37

541 **Thank you / for agreeing to see us.**
고마워 / 우리를 만나기로 해 준 거.

542 **It's already backfired.**
그건 이미 역효과 났어.

543 **It sounds reasonable.**
그거 합리적인 것 같아요.

544 **You're crossing the line.**
너 지금 넘지 말아야 할 선을 넘고 있는 거야.

545 **Have some mercy.**
우리 사정 좀 봐 줘요.

546 **You have the strength / to get through it.**
너는 힘이 있잖아 / 이걸 이겨낼 힘 말이야.

547 **What's your level of certainty?**
어느 정도 확신하는 거야?

548 **I'm double-parked.**
차를 이중 주차해 놓은 상태야.

549 **We got sidetracked.**
말하다 말고 삼천포로 빠졌네.

550 **You're thinking / about leaving.**
너 지금 생각하고 있구나 / 그만두는 것에 대해. (= 너 그만둘 생각하고 있구나.)

551 **It's crossed my mind.**
그게 문득 생각이 났어.

552 **I'm filling in.**
잠깐 대신 일을 봐주고 있는 거예요.

553 **Where's this coming from?**
어쩌다가 이런 말이 나오게 된 거야?

554 **Your value to the firm is absolute.**
회사에서 당신 가치는 절대적이야.

555 **You saved me / from making a huge mistake.**
네가 날 구했어 / 큰 실수하는 것에서. (= 네가 엄청난 실수를 할 뻔한 나를 구해 줬잖아.)

STEP 2 차곡차곡 어휘 쌓기

단어와 뜻을 크게 읽으면서 영어 단어를 정성스레 써 보세요.

agree to
~하기로 동의하다 (agree–agreed–agreed)
▶ 뒤에는 동사원형이 옴

backfire
역효과 나다 (backfire–backfired–backfired)

reasonable
합리적인

cross the line
선을 넘다 (cross–crossed–crossed)

mercy
자비

get through
~을 이겨내다 (get–got–got[ten])

certainty
확신

be double-parked
이중 주차해 놓은 상태이다

get sidetracked
말이 삼천포로 빠지다 (get–got–got[ten])

think about
~에 대해 생각하다 (think–thought–thought)

cross one's mind
어떤 생각이 문득 떠오르다
(cross–crossed–crossed)

fill in
담당자 대신 잠깐 일을 봐주다 (fill–filled–filled)

come from
~에서 생기다 (come–came–come)

absolute
절대적인

save A from B
A를 B에서 구하다 (save–saved–saved)

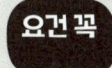 **Have some mercy.** = 우리 사정 좀 봐 줘요.
직역하면 '자비를 좀 가져라'입니다. 자비를 가지라는 건 상대방 사정도 좀 봐 주고 너무 빡빡하게 굴지 말라는 거겠죠. 단어 자체로는 참 쉽지만 막상 영어로 떠올리려고 하면 잘 떠오르지 않는 표현이기도 합니다.

UNIT 37

STEP 3 실제론 요래 쓰여요!

우리말의 색깔 부분에 해당하는 영어 표현을 써 보세요. 정답과 영어 표현은 p.212.

1 A Thank you for _____ see us.
      우리를 만나기로 해 준 거 고마워요.
   B 어쨌든 저도 말씀드릴 게 있었어요.

2 A It's already _____. 그건 이미 역효과 났어.
   B 진작에 내가 조심하라고 했잖아.

3 A You're _____.
      너 지금 넘지 말아야 할 선을 넘고 있는 거야.
   B 아무도 나를 믿어주지 않네.

4 A You have the strength to _____ it.
      너는 이 상황을 이겨낼 힘이 있잖아.
   B 무슨 힘? 내가 모르는 힘이 있어?

5 A What's your level of _____? 어느 정도 확신하는 거야?
   B 100% 이상 확신하지.

6 A We _____. 우리 말하다 말고 삼천포로 빠졌네.
   B 어디까지 얘기했었지?

7 A It's _____. 문득 그게 생각이 났어.
   B 너 요즘 들어 너무 예민하다.

8 A I'm _____. 잠깐 대신 일을 봐주고 있는 중이에요.
   B 네가 걔보다 더 잘하는데.

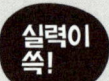

Thank you for ~.는 '~해 줘서 고마워'로 이때의 for는 이유의 의미를 전합니다. for는 영어에서 전치사라고 하는데, 명사 앞에 놓인다는 의미로 그렇게 불러요. for 같은 전치사들이 영어에 여러 개 있는데, 이런 전치사 뒤에는 the apples(사과들), me(나를), a pretty doll(예쁜 인형) 같은 명사 표현이나 coming to the party(파티에 오는 것), apologizing to him(그에게 사과하는 것) 같은 <동사-ing>가 옵니다.

STEP 4 마무리

TEST 1 우리말 표현을 영어로 써 보세요.

| 합리적인 | 확신 | 절대적인 |

| A를 B에서 구하다 | 담당자 대신 잠깐 일을 봐주다 | 자비 |

| ~하기로 동의하다 | 말이 삼천포로 빠지다 | 어떤 생각이 문득 떠오르다 |

| 이중 주차해 놓은 상태이다 | 역효과 나다 | ~에서 생기다 |

| 선을 넘다 | ~에 대해 생각하다 | ~을 이겨내다 |

TEST 2 우리말 표현에 맞게 동사 변화를 주세요.

~하기로 동의하다		~하기로 동의했다	
선을 넘다		선을 넘었다	
~을 이겨내다		~을 이겨냈다	
말이 삼천포로 빠지다		말이 삼천포로 빠졌다	
~에 대해서 생각하다		~에 대해서 생각했다	
문득 생각이 떠오르다		문득 생각이 떠올랐다	
~에서 생기다		~에서 생겼다	

line은 '(표면에 그은) 선'의 뜻이에요. 그런데요, 유명한 맛집에 가면 사람들이 줄 서 있죠? 그때의 '줄'도 stand in line(줄 서 있다)처럼 line으로 표현해요. 피부의 '주름살'도 line이고요, 생산 라인, 작업 라인의 '라인'도 line이지요. 또 어떤 사고나 행동 영역 간의 '구분'도 line이라고 표현해서 cross the line하면 '정도를 넘다'의 의미가 됩니다. 그리고 '부장님 라인', '상무님 라인'처럼 쓰기도 하는데, 이 때는 '계통, 체계, 계보'의 뜻이기도 합니다.

UNIT 37

STEP 1 문장 쓰윽 보고 듣기

영어 문장과 우리말 해석을 편안한 마음으로 한 번만 읽어 본 후 쓰윽 들어보세요.

556 **He's** / in the **den**.
그 분 지금 계셔 / 서재에.

557 They all **fear** you.
다들 너를 두려워하고 있어.

558 There's no **conflict** / yet.
서로 간의 갈등은 없어 / 아직.

559 The space felt **cozy**.
그 공간은 느낌이 아주 편하던데.

560 I just lay there / **rigid**.
나 그냥 누워 있었잖아 / 그곳에 꼼짝 못하고.

561 She **nudged** me / with her elbow.
그녀는 나를 쿡 찔렀어 / 팔꿈치로.

562 I'm an **insomniac**.
나 불면증에 시달리고 있어.

563 **I'm dying to** see / what happens next.
알고 싶어 죽겠다 / 다음 장면이 뭔지.

564 I want / you to **check up on** him.
내가 바라는 건 / 네가 걔가 잘하는지 확인하는 거야. (= 걔 잘하고 있는지 확인 좀 해 줘.)

565 There's **no such thing**.
그런 게 어디 있어.

566 You **asked for** it.
자업자득이야.

567 You need a better **outfit**.
옷 좀 제대로 입고 가지.

568 The house is fully **furnished**.
그 집에는 모든 가구가 이미 다 비치되어 있어.

569 It looks like the table's **all set**.
테이블은 다 준비된 것 같네.

570 Are you **close** / **to** him?
너 친해 / 걔하고?

STEP 2 차곡차곡 어휘 쌓기

단어와 뜻을 크게 읽으면서 영어 단어를 정성스레 써 보세요.

den
서재, 작업실

fear
~을 두려워하다, ~을 무서워하다
(fear-feared-feared)

conflict
갈등

cozy
편안한, 아늑한

rigid
(공포, 충격, 화로) 몸을 꼼짝하지 못하는

nudge
(팔꿈치로) 쿡 찌르다 (nudge-nudged-nudged)

insomniac
불면증 환자

be dying to
~을 하고 싶어 죽겠다
▶ 뒤에 동사원형이 옴

check up on
누군가가 제대로 하는지 확인하다
(check-checked-checked)

no such thing
그런 일은 없다

ask for
~을 요구하다, ~을 부탁하다 (ask-asked-asked)

outfit
옷, 복장

furnish
~에 가구를 비치하다
(furnish-furnished-furnished)

all set
다 준비된 상태인

close to
~와 사이가 가까운

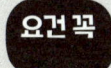 **You asked for it.** = 자업자득이야.

우리말의 '자업자득'에 딱 떨어지는 문장입니다. 공부는 안 해놓고 F학점 맞았다고 교수님 찾아가겠다는 친구에게 하면 아주 그만인 표현이죠.

UNIT 38

STEP 3   실제론 요래 쓰여요!

우리말의 색깔 부분에 해당하는 영어 표현을 써 보세요. 정답과 영어 표현은 p.212.

1   A 신 교수님이 어디에 계신지 안 보이네요.
    B He's in the _____. 지금 서재에 계세요.

2   A They all _____ you. 다들 너를 두려워하고 있어.
    B 왜? 내가 걔네한테 뭘 어쨌는데?

3   A The space felt _____. 그 공간은 느낌이 아주 편하던데.
    B 그치만 난 거기 별로더라.

4   A I just lay there _____. 나 그곳에 꼼짝 못하고 누워 있었어.
    B 그렇게 피곤했어?

5   A She _____ me with her elbow.
       걔가 팔꿈치로 나를 쿡 찔렀어.
    B 네가 도와줬으면 했나 보다.

6   A I want you to _____ him.
       걔 잘하고 있는지 확인 좀 해 줘.
    B 걱정하지 마. 아주 잘하고 있으니까.

7   A 나 시험에 또 떨어졌어.
    B You _____ it. 자업자득이야.

8   A 나 지금 그녀 만나러 가.
    B You need a better _____. 옷 좀 제대로 입고 가지.

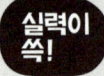

I want you to check up on him. 걔 잘하고 있는지 확인 좀 해 줘.
상대방에게 어떤 일을 시킬 때 우리말도 '~해!'라고 명령하듯 말하면 누구나 다 싫어합니다. 본질은 상대방에게 하라고 하는 거지만 듣는 사람도, 말하는 사람도 듣기 거북하지 않고 말하기 민망하지 않은 표현으로 I want you to ~를 추천합니다. 단어 그대로 '나는 내가 ~하기를 원해' 이것보다는 '~ 좀 해 줘'라고 이해하면 아주 깔끔합니다.

STEP 4 마무리

TEST 1   우리말 표현을 영어로 써 보세요.

갈등	(팔꿈치로) 쿡 찌르다	~을 요구하다, ~을 부탁하다

~을 하고 싶어 죽겠다	옷, 복장	다 준비된 상태인

서재, 작업실	(공포, 충격, 화로) 몸을 꼼짝하지 못하는	~와 사이가 가까운

~에 가구를 비치하다	그런 일은 없다	불면증 환자

~을 두려워하다, ~을 무서워하다	누군가 제대로 하는지 확인하다	편안한, 아늑한

TEST 2   우리말 표현에 맞게 동사 변화를 주세요.

~을 두려워하다, ~을 무서워하다		~을 두려워했다, ~을 무서워했다	
(팔꿈치로) 쿡 찌르다		(팔꿈치로) 쿡 찔렀다	
누군가 제대로 하는지 확인하다		누군가 제대로 하는지 확인했다	
~을 요구하다, ~을 부탁하다		~을 요구했다, ~을 부탁했다	
~에 가구를 비치하다		~에 가구를 비치했다	

'옷'을 뜻하는 단어도 영어에 굉장히 많습니다. 이번에 '옷'에 관한 단어를 정리해 볼까요?
outfit: 특별한 경우나 목적에 맞게 입는 한 벌로 된 옷 e.g. a Superman outfit 슈퍼맨 복장
garment: '의복, 옷'을 나타내는 격식체 어투 e.g. outer garments 겉옷
apparel: '매장에서 판매되는 의류'를 통칭하는 단어 e.g. children's apparel 아동복
costume: 특정 지역이나 시대의 '의상' e.g. a traditional costume 전통 의상
clothing: 사람들이 입는 '옷' 특히 특정 용도로 입을 때 e.g. protective clothing 보호복
clothes: 셔츠, 코트, 바지, 원피스 같은 '사복'의 의미
*cloth는 옷을 만드는 '옷감, 천'을 의미 e.g. woolen cloth 모직물

UNIT 38

STEP 1 문장 쓰윽 보고 듣기

영어 문장과 우리말 해석을 편안한 마음으로 한 번만 읽어 본 후 쓰윽 들어보세요.

571 **My car has been towed.**
내 차 견인됐어.

572 **You're welcome to wait.**
기다리려면 얼마든지 기다려도 좋습니다.

573 **I'm just gonna step out / for a while.**
저 나갔다 올 겁니다 / 잠깐.

574 **I had a feeling / you'd be back.**
예감이 들었죠 / 당신이 다시 올 거라는.

575 **I know / what you're implying.**
나 알아 / 네 말이 뭘 암시하는지.

576 **Admit it. / You're falling for me / again.**
인정해. / 너 지금 나한테 빠져들고 있잖아 / 또.

577 **Are you sticking up for him?**
너 지금 쟤를 두둔하는 거야?

578 **I was in the neighborhood.**
이 근처에 왔다가 잠시 들렀어.

579 **I can't let you starve.**
너를 굶주리게 놔둘 수는 없지.

580 **I need to use the ladies' room.**
나 화장실 좀 가야겠어.

581 **You think / you'll be okay by yourself / for a while?**
네 생각에 / 너 혼자 있어도 괜찮겠어 / 잠깐 좀?

582 **Let me get you a refill.**
한 잔 더 가져다 줄게.

583 **He fell head over heels for her.**
걔 그녀한테 완전히 빠졌어.

584 **I can't drive stick.**
난 스틱 차 운전 못 해.

585 **My puppy is at the vet's.**
우리 강아지 지금 동물병원에 있어.

STEP 2 차곡차곡 어휘 쌓기

단어와 뜻을 크게 읽으면서 영어 단어를 정성스레 써 보세요.

tow
~을 견인하다 (tow–towed–towed)

welcome
~해도 좋은
▶ be welcome to+동사원형 ~해도 좋다

step out
밖에 다녀오다 (step–stepped–stepped)

have a feeling
~라는 예감이 들다 (have–had–had)
▶ 뒤에 〈주어+동사〉 또는 〈of+명사 표현〉

imply
~을 암시하다 (imply–implied–implied)

fall for
~에 반하다, ~에 빠져들다 (fall–fell–fallen)

stick up for
~을 옹호하다, ~을 지지하다 (stick–stuck–stuck)

neighborhood
근처, 인근

starve
굶주리다 (starve–starved–starved)

ladies' room
여자 화장실

by oneself
혼자서

a refill
한 잔 더

fall head over heels for
~에 머리부터 발끝까지 빠지다 (fall–fell–fallen)

drive stick
스틱 차를 운전하다

vet's
동물병원

 **요건 꼭** I was in the neighborhood. = 이 근처에 왔다가 잠시 들렀어.
살인 사건이 난 동네에서 경찰이 그 시간 대에 어디 있었냐고 물었을 때 이 문장을 말하면 '근처에 있었다'의 의미지만, 불쑥 들린 친구네 현관에서 이렇게 말하면 '근처에 왔다가 잠시 들렀어.'의 의미가 됩니다.

UNIT 39

STEP 3 실제론 요래 쓰여요!

우리말의 색깔 부분에 해당하는 영어 표현을 써 보세요. 정답과 영어 표현은 p.213.

1 A 지하철 타고 왔어?
   B My car has been _____. 내 차가 견인됐어.

2 A 저 여기에서 기다려도 되는 겁니까?
   B You're _____ to wait.
      기다리려면 얼마든지 기다려도 좋습니다.

3 A 저 기다리고 있었어요?
   B I _____ you'd be back.
      당신이 다시 올 거라는 예감이 들었어요.

4 A 걔가 하는 말에도 일리가 있지.
   B Are you _____ him? 너 지금 걔를 두둔하는 거야?

5 A 너 올 거라는 말 없었잖아.
   B I was in the _____. 이 근처에 왔다가 잠시 들렀어.

6 A I need to use the _____. 나 화장실에 가야겠어.
   B 난 좀 둘러보고 있을게.

7 A You think you'll be okay _____
      for a while? 잠깐 좀 혼자 있어도 괜찮겠어?
   B 나 애 취급하지 마.

8 A Let me get you a _____. 한 잔 더 가져다 줄게.
   B 아니야, 나 괜찮아. 충분히 마셨어.

> **실력이 쓱!**
>
> **My puppy is at the vet's.** 우리 강아지 지금 동물병원에 있어.
> 이렇게 어떤 직업명이나 사람 이름 뒤에 's를 붙이면 '~네 집, ~하는 가게'의 뜻이 되는 경우가 있어요. 예로 알아볼까요?
> butcher's 정육점, 푸줏간 (butcher: 정육점 주인)
> barber's 이발소 (barber: 이발사)
> I visit my grandparents' every weekend. 나는 주말마다 조부모님 댁을 방문해요.
> Can you come over the Paul's? Paul네 집으로 잠깐 넘어올 수 있어?

STEP 4 마무리

TEST 1 우리말 표현을 영어로 써 보세요.

밖에 다녀오다	한 잔 더	동물병원
여자 화장실	~해도 좋은	~을 암시하다
~을 견인하다	~을 옹호하다, ~을 지지하다	스틱 차를 운전하다
굶주리다	~에 머리부터 발끝까지 빠지다	~에 반하다, ~에 빠져들다
혼자서	근처, 인근	~라는 예감이 들다

TEST 2 우리말 표현에 맞게 동사 변화를 주세요.

밖에 다녀오다		밖에 다녀왔다	
~의 예감이 들다		~의 예감이 들었다	
~에 반하다, ~에 빠져들다		~에 반했다, ~에 빠져들었다	
~을 옹호하다, ~을 지지하다		~을 옹호했다, ~을 지지했다	
~에 머리부터 발끝까지 빠지다		~에 머리부터 발끝까지 빠졌다	
스틱 차를 운전하다		스틱 차를 운전했다	

없으면 큰일나는 화장실. 이 화장실을 뜻하는 영어도 의외로 꽤 많답니다.
bathroom: 집안 내의 욕조나 샤워부스, 세면대, 변기가 딸려 있는 화장실, 욕실   restroom: 공공장소의 화장실
toilet: 미국에서는 '변기'의 의미지만, 영국에서는 bathroom 대신 쓰이는 말이기도 합니다.
WC: water closet의 축약형으로 공중 화장실의 표시로 주로 쓰입니다.
men's room: 남자 화장실 (속어로 john이라고 합니다.)   ladies' room: 여자 화장실
lavatory: 기내 화장실

UNIT 39

STEP 1 문장 쓰윽 보고 듣기

영어 문장과 우리말 해석을 편안한 마음으로 한 번만 읽어 본 후 쓰윽 들어보세요.

UNIT 40

586 **I fielded a call** / from her.
내가 전화 잘 대응해 줬어 / 그녀한테서 걸려온 거.

587 He will be here / **momentarily**.
걔 여기 도착할 거야 / 금방.

588 It's not a **betrayal** / to talk about it.
배신 아니야 / 그거에 대해 말한다고 해서.

589 My goals are not so **lofty**.
내 목표가 뭐 그렇게 고귀한 건 아니야.

590 She sat next to me / and **looked** me **over**.
그녀는 내 옆에 앉아서 / 나를 살펴 봤어.

591 She looked **amused** / for a moment.
그녀는 즐거운 표정이었어 / 잠시 동안.

592 They're way too **conservative**.
그들은 너무 보수적이야.

593 I **adore** fashion.
나야 뭐 패션 아주 좋아하지.

594 I feel **suffocated**.
지금 숨이 막힐 정도야.

595 You'll have to be **an early bird**.
너 일찍 일어나야 할 거야.

596 My head was **spinning**.
머리가 빙빙 돌더라고.

597 You need a little time / to **get acquainted with** them.
너 시간이 좀 필요하잖아 / 그들과 안면을 틀.

598 I **thrive** / under pressure.
난 일을 잘해 / 스트레스를 받아야 말이지.

599 It's just **a blip**.
이건 그냥 일시적인 문제예요.

600 You need to **break the bad habit**.
너 그 나쁜 버릇 없애야 해.

STEP 2 차곡차곡 어휘 쌓기

단어와 뜻을 크게 읽으면서 영어 단어를 정성스레 써 보세요.

field
~에 잘 응대하다, ~에 능숙하게 답하다
(field–fielded–fielded)

momentarily
곧, 금방

betrayal
배신, 배반

lofty
고귀한, 숭고한

look over
~을 살펴보다 (look–looked–looked)

amused
즐거운, 기분이 좋은

conservative
보수적인

adore
~을 몹시 좋아하다 (adore–adored–adored)

suffocate
질식시키다, 숨 막히게 하다
(suffocate–suffocated–suffocated)

an early bird
일찍 일어나는 사람

spin
(중심축을 두고) 빙빙 돌다 (spin–spun–spun)

get acquainted with
~와 알고 지내다, ~와 안면을 트다
(get–got–got[ten])

thrive
번창하다, 일을 잘하다 (thrive–thrived–thrived)

a blip
일시적인 문제

break the bad habit
나쁜 버릇을 없애다 (break–broke–broken)

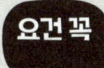 **You'll have to be an early bird.** = 너 일찍 일어나야 할 거야.
An early bird catches the worm. (일찍 일어나는 새가 벌레를 잡는다)는 부지런해야 뭔가 이룰 수 있다는 의미로 여기서 an early bird는 '일찍 일어나는 사람'입니다. 반대로 '늦잠 자는 사람'은 a late bird예요.

UNIT 40

STEP 3 실제론 요래 쓰여요!

우리말의 색깔 부분에 해당하는 영어 표현을 써 보세요. 정답과 영어 표현은 p.213.

1 A I _____ a call from her.
      내가 걔한테서 온 전화 잘 대응해 줬어.
   B 난 걔 얘기 듣는 거 완전 질렸어.

2 A He will be here _____. 걔 여기 금방 도착할 거야.
   B 나 그럼 갈게.

3 A 네 일이 정말 스트레스가 심한 일인데.
   B I _____ under pressure. 난 스트레스를 받아야 일을 잘해.

4 A She sat next to me and _____ me _____.
      그녀는 내 옆에 앉아서 나를 살펴봤어.
   B 네가 마음에 들었나 보다.

5 A They're way too _____. 그들은 너무 보수적이야.
   B 우리에게 필요한 사람들이라고 네가 그랬잖아.

6 A 너 패션에 별 관심도 없으면서 그래.
   B I _____ fashion. 나 패션 아주 좋아해.

7 A You'll have to be _____.
      너 앞으로는 일찍 일어나야 할 거야.
   B 아침에 일찍 일어나는 거 진짜 싫은데.

8 A You need a little time to _____
      them. 그들과 안면을 트려면 너 시간이 좀 필요하잖아.
   B 나 걔들이랑 이미 친한 걸.

실력이 쑥!

They're way too **conservative**. 그들은 너무 보수적이야.

여기서 way는 '길' 또는 '방법'의 뜻일까요? 아니에요. too와 함께 쓰이는 way too는 '너무'의 의미로 정도가 지나친 것을 뜻합니다. too만 써도 '너무'의 의미를 나타낼 수 있지만 way를 써서 그 뜻을 더 강화하는 느낌을 주지요.

STEP 4 마무리

TEST 1 우리말 표현을 영어로 써 보세요.

보수적인	곧, 금방	나쁜 버릇을 없애다
~에 잘 응대하다, ~에 능숙하게 답하다	~을 살펴보다	번창하다, 일을 잘하다
질식시키다, 숨 막히게 하다	(중심축을 두고) 빙빙 돌다	배신, 배반
~와 알고 지내다, ~와 안면을 트다	일시적인 문제	일찍 일어나는 사람
즐거운, 기분이 좋은	고귀한, 숭고한	~을 몹시 좋아하다

TEST 2 우리말 표현에 맞게 동사 변화를 주세요.

~에 잘 대응하다		~에 잘 대응했다	
~을 살펴보다		~을 살펴봤다	
~을 몹시 좋아하다		~을 몹시 좋아했다	
질식시키다		질식시켰다	
빙빙 돌다		빙빙 돌았다	
~와 알고 지내다		~와 알고 지냈다	
나쁜 버릇을 없애다		나쁜 버릇을 없앴다	

영어에는 철자 하나 차이로 뜻이 완전히 바뀌는 단어가 있습니다. 뭔지 알아볼까요?
amazed: 놀란   amused: 즐거운, 기분 좋은
lofty: 고귀한, 숭고한   lefty: 사상이 좌익인 사람
spin: 빙빙 돌다   span: 기간, 시간

확인학습 다음 우리말 문장을 영어로 쓰세요.

다음 문장의 빈칸에 들어갈 알맞은 표현을 쓰세요. **STEP 1의 번호**

1 I_____ I was telling you all this. 529
   내가 너한테 이 모든 걸 얘기했던 게 엊그제 같은데 말이야

2 You g_____. 마음을 잘 가다듬고 좀 효과적으로 행동해 봐. 532

3 It's how I g_____. 그렇게 내가 자랐어. 534

4 Don't s_____ your brother. 너 네 형 속이면 안 돼. 539

5 Thank you for a_____ see us. 우리를 만나기로 해 준 거 고마워. 541

6 You're c_____. 너 지금 넘지 말아야 할 선을 넘고 있는 거야. 544

7 We g_____. 말하다 말고 삼천포로 빠졌네. 549

8 Your value to the firm is a_____. 회사에서 당신 가치는 절대적이야. 554

9 There's no c_____ yet. 아직 서로간의 갈등은 없어. 558

10 The space felt c_____. 그 공간은 느낌이 아주 편하던데. 559

11 I'm _____ see what happens next. 563
   다음 장면이 뭔지 알고 싶어 죽겠다.

12 You need a better o_____. 옷 좀 제대로 입고 가지. 567

13 Are you c_____ him? 너 걔하고 친해? 570

14 My car has been t_____. 내 차 견인됐어. 571

15 I know what you're i_____. 네 말이 뭘 암시하는지 나 알아. 575

16 I was in the n_____. 이 근처에 왔다가 잠시 들렀어. 578

17 He f_____ her. 걔 그녀한테 완전히 빠졌어. 583

18 My goals are not so l_____. 내 목표가 뭐 그렇게 고귀한 건 아니야. 589

19 I a_____ fashion. 나야 뭐 패션 아주 좋아하지. 593

20 It's just a _____. 이건 그냥 일시적인 문제예요. 599

21 She sat next to me and l_____ me o_____. 590
   그녀는 내 옆에 앉아서 나를 살펴 봤어.

190

다음 뜻에 해당하는 영어 단어를 쓰세요.

약속을 어기다	성장하다	~을 바꾸다
자기 영역을 표시하다	(마음을 가다듬고) 효과적으로 행동하다	~이 엊그제처럼 느껴지다
합리적인	확신	절대적인
선을 넘다	~에 대해 생각하다	~을 이겨내다
갈등	(팔꿈치로) 쿡 찌르다	~을 요구하다, ~을 부탁하다
~을 두려워하다, ~을 무서워하다	누군가 제대로 하는지 확인하다	편안한, 아늑한
즐거운, 기분이 좋은	고귀한, 숭고한	~을 몹시 좋아하다
~을 견인하다	~을 옹호하다, ~을 지지하다	스틱 차를 운전하다
누군가를 귀찮게 하지 않다	~을 마음에 새기다	나무랄 데 없는, 똑 부러지는
서재, 작업실	(공포, 충격, 화로) 몸을 꼼짝하지 못하는	~와 사이가 가까운
~와 알고 지내다, ~와 안면을 트다	일시적인 문제	일찍 일어나는 사람
~하기로 동의하다	말이 삼천포로 빠지다	어떤 생각이 문득 떠오르다
밖에 다녀오다	한 잔 더	동물병원
굶주리다	~에 머리부터 발끝까지 빠지다	~에 반하다, ~에 빠져들다
혼자서	근처, 인근	~라는 예감이 들다

ANSWERS

STEP 3 실제론 요래 쓰여요!
정답 & 해석

UNIT 1

1. A: He has lost his **battle** to cancer. 걔가 암과의 전쟁에서 졌어.
   B: He is dead? 걔가 죽었어?
2. A: I couldn't sleep at all. 나 한숨도 못 잤어.
   B: Were you up all night **working on** this? 이거 작업하느라고 밤 꼬박 샌 거야?
3. A: You can't park here **overnight**. 밤새 여기에 주차할 수는 없어.
   B: Is there a parking lot nearby? 근처에 주차장 있어?
4. A: It's **tiring**. 그거 피곤한 일이야.
   B: No problem. I like the job. 괜찮아. 내가 좋아하는 일인데 뭐.
5. A: What did I do wrong? 내가 뭐 잘못했어?
   B: You leave me **speechless**. 너 때문에 내가 할 말을 잃는다, 할 말을.
6. A: You **drive** me **nuts**. 내가 너 때문에 미치겠다.
   B: That's what I've wanted to say. 그건 내가 할 소린데.
7. A: I don't **feel comfortable** talking about this. 이런 얘기를 하는 게 마음이 편치 않네요.
   B: I won't talk about this. 다시는 이 얘기 안 하겠습니다.
8. A: I want your **opinion** on that. 그것에 대한 네 의견을 좀 말해 줘.
   B: You won't listen to me. 내 말 귀담아 듣지도 않을 거면서.

UNIT 2

1. A: What do you do? 무슨 일 하세요?
   B: I **teach** at a college. 대학에서 애들 가르칩니다.
2. A: I need to buy a new computer. 나 컴퓨터 새로 사야 하는데.
   B: You know how **tight** things are. 지금 형편이 얼마나 빠듯한지 당신도 잘 알잖아.
3. A: If you need anything, don't **hesitate** to call me. 뭐 필요한 거 있으면 망설이지 말고 전화해.
   B: Thank you. 고마워요.
4. A: You're **unbelievable**. 너 정말 믿을 수 없을 정도로 대단하다.
   B: I'm flattered. 과찬의 말씀이에요.
5. A: What brings you here? 여긴 왠 일이야?
   B: I just thought I'd **drop in** for a minute. 그냥 생각나서 잠깐 들를까 했지.
6. A: Did you say to him you want to break up? 걔한테 헤어지고 싶다고 말했어?
   B: It **pains** me to say it. 그 말 하기가 고통스럽기까지 해.
7. A: I'd better **get going**. 난 그냥 가는 게 낫겠어.
   B: Come on. Stay for dinner. 무슨 소리야. 저녁 먹고 가.
8. A: Give him my **regards** if you see him. 걔 만나면 안부 전해 줘.
   B: I don't have any plans for meeting him. 나 걔 만날 약속 전혀 없는데.

UNIT 3

1 A: There is **plenty** of time for that. 그거에 필요한 시간은 많아.
   B: But I'm afraid we have no time to lose. 하지만 꾸물댈 시간 없는 것 같은데.
2 A: Are you ready to leave? 떠날 준비 다 됐어?
   B: I was **jotting down** my shopping list. 나 쇼핑 리스트 적고 있었어.
3 A: I **owe** a great deal to him. 나 걔한테 빚진 게 많아.
   B: He didn't think so. 걔는 그렇게 생각하지 않던데.
4 A: How is your new business? 새 사업은 잘 되어 가?
   B: Something **unexpected** has come up. 전혀 예상하지 못했던 일이 일어났어.
5 A: I need to **pick up** some more clothes. 나 옷 좀 더 사야 해.
   B: Then see me in front of the shopping mall. 그럼 그 쇼핑몰 앞에서 만나.
6 A: Do you want me to stand here? 여기에 서면 돼?
   B: Take a step **backwards**. 뒤로 한 발자국 가 봐.
7 A: You found an apartment to live in? 네가 살 아파트를 찾았어?
   B: Yes. It's a **tiny** studio apartment. 응. 그게 아주 작은 원룸이야.
8 A: I heard an **argument** upstairs. 위층에서 다투는 소리를 들었어.
   B: They never stop fighting. 저 사람들은 정말 쉬지 않고 싸워.

UNIT 4

1 A: She keeps her hair **cut short**. 그녀는 머리를 늘 짧게 자르고 다녀.
   B: I like the way she looks. 난 걔 외모, 마음에 들어.
2 A: Can you get it **photocopied** for me? 그거 좀 복사해 주겠어?
   B: Put it on my desk. 책상 위에 올려 놔.
3 A: I saw her seeing somebody. 그녀가 데이트하는 모습 봤어.
   B: It hasn't been that long since the **divorce**. 이혼한 지 그렇게 오래 되지도 않았잖아.
4 A: **Say hello to** grandpa for me. 할아버지께 내 대신 안부 좀 전해 줘.
   B: Why don't you call him? 네가 전화 좀 드리지 그러냐?
5 A: **Get to the point** quickly. 어서 본론을 말해 봐.
   B: I want some coffee. 먼저 커피 좀 마시고 싶은데. l
6 A: **How late** are you working tonight? 오늘 밤 얼마나 늦게까지 일해?
   B: It depends. 상황에 따라 다르지.
7 A: I need your help **more than ever**. 나 네 도움이 어느 때보다도 더욱 더 필요해.
   B: Tell me whenever you need my help. 필요하면 언제든 말해.
8 A: Don't you want me to help you? 내가 도와주는 게 싫어?
   B: This is a **private** matter. 이건 사적인 문제야.

UNIT 5

1. A: Don't **let** me **down**. 나 실망시키지 마.
   B: Did I? 내가 실망시켰어?
2. A: She lived right **next door**. 걔는 바로 옆집에 살았어요.
   B: Is that right? 정말?
3. A: Can you **come over** to my place? 우리 집으로 좀 넘어 올 수 있겠어?
   B: I'm on my way. 지금 갈게.
4. A: Did you have too much to drink? 술 많이 마셨어?
   B: I got drunk and **quit thinking**. 취해서 생각이 딱 멈춰 버렸어.
5. A: She started **showing interest** in me. 걔가 나에게 관심을 보이기 시작했어.
   B: Don't kid yourself. 착각하지 마.
6. A: I don't know **whom** to believe. 누구 말을 믿어야 할지 모르겠어.
   B: Don't believe both of them. 둘 다 믿지 마.
7. A: You're **registered** in our database. 고객님은 저희 데이터베이스에 등록되어 있어요.
   B: Am I? What for? 제가요? 무슨 이유로요?
8. A: He **refused** to accept it. 걔가 그거 수락하는 걸 거부했어.
   B: He's too stubborn. 걔 너무 고집스러워.

UNIT 6

1. A: I've lost my **appetite**. 식욕을 잃어버렸어.
   B: I told you not to eat between meals. 군것질하지 말라고 했잖아.
2. A: We cannot **allow** that to happen. 그런 일이 생기게 해서는 안 돼.
   B: I'll be more careful. 더욱 조심하겠습니다.
3. A: (to the phone) Somebody's **following** me. (핸드폰에 대고) 누가 나를 쫓아오고 있어.
   B: Look back. It's me. 뒤돌아 봐. 나야 나.
4. A: They **have** a lot **in common**. 걔네들은 닮은 점이 정말 많아.
   B: They hit it off. 처음부터 죽이 잘 맞았어.
5. A: I'll be waiting. 기다리고 있을게.
   B: I'll be back at seven **sharp**. 정각 7시에 돌아올게.
6. A: I want you to **knock** on the door. 노크 좀 해 주면 좋겠어.
   B: This is my room. 이거 내 방이야.
7. A: He's quite **mature** for his age. 걔는 나이에 비해서 굉장히 어른스러워.
   B: So it worries me a little. 그래서 좀 걱정이 되긴 해.
8. A: You don't look so good. 너 안색이 별로 안 좋아 보여.
   B: I can't get over **jet lag**. 시차증 극복이 안 되네.

UNIT 7

1. A: He **got sacked**. 걔 해고됐어.
   B: Did he do something wrong? 걔가 뭐 사고친 거야?
2. A: Don't **take** it **out on** me. 나한테 화풀이하지 마.
   B: No, I don't. I'm telling you the truth. 화풀이가 아니야. 너한테 사실을 말하는 거잖아.
3. A: I deserve an **explanation**. 나는 설명 들을 자격이 있다고 봐.
   B: But you won't understand the explanation. 설명해도 아마 넌 이해 못할 걸.
4. A: The battery **went dead**. 배터리가 다 됐어.
   B: I have a portable charger. 나 휴대용 충전기 있어.
5. A: There is fraud **taking place**. 지금 계획적으로 사기 행각이 벌어지고 있어.
   B: How do you know? 네가 어떻게 알아?
6. A: This is the main room. 이게 안방이에요.
   B: What a **splendid** room! 방 정말 좋다!
7. A: May I ask you a question? 질문 좀 해도 돼요?
   B: **Feel free** to ask. 부담 갖지 말고 편안히 물어봐.
8. A: How do you know that? 너 그거 어떻게 알아?
   B: Word **travels** fast. 소문은 빨리 돌잖아.

UNIT 8

1. A: We have to **start all over again**. 우리 처음부터 다시 시작해야 해.
   B: How come? 어쩌다 그렇게 된 거야?
2. A: Are you **mad** at me? 너 나한테 화났어?
   B: I'm not mad at you. 너한테 화 안 났는데.
3. A: They **get along** so well. 걔들 아주 사이 좋게 잘 지내.
   B: I saw them fighting each other yesterday. 나 어제 걔들 싸우는 거 봤는데.
4. A: I'm going to start a new business. 나 새로운 사업 시작하려고.
   B: Don't **take** any **chances**. 모험하지 마. (= 쓸데 없는 짓 하지 마.)
5. A: You don't look so good. 안색이 별로네.
   B: I have a **migraine**. 나 편두통이 있어.
6. A: I'm being rather **silly**, aren't I? 내가 지금 좀 바보 같지, 그치?
   B: What makes you say that? 그렇게 말하는 이유가 뭐야?
7. A: There's no reason you should have to **suffer**. 네가 고통 받아야 할 이유가 전혀 없어.
   B: I can't help it. 지금으로서는 어쩔 수가 없잖아.
8. A: You're late again. 너 또 늦었어.
   B: I **got stuck in traffic**. 교통체증에 걸려서 꼼짝 못했어.

UNIT 9

1. A: What if I fail again? 나 또 떨어지면 어쩌지?
   B: Don't **fret** so much. 너무 조바심 내지 마.
2. A: I can't get it out of my mind. 그게 머리 속에서 떠나지를 않아.
   B: Just **sleep** it **off**. 그냥 그런 건 한숨 자고 털어 버려.
3. A: I'm not **exaggerating**. 내가 지금 과장하는 게 아니야.
   B: I know. 알아. 내가 잘 알지.
4. A: Don't take it **lightly**. 그거 가볍게 받아들이지 마라.
   B: I'll keep that in mind. 꼭 기억하고 있을게.
5. A: We can't **be seen** together. 우리 함께 있는 거 들키면 안 돼.
   B: Then what should I do? 그럼 내가 어떻게 해야 하는데?
6. A: Why do you go there if you so **dislike** it? 그게 그렇게 싫다면서 거긴 왜 가는 거야?
   B: That's life. 사는 게 다 그런 거야.
7. A: I'm the only one who can handle this. 이거 해결할 수 있는 건 나밖에 없어.
   B: Don't **flatter yourself**. 자만하지 마.
8. A: Your eyes are **bloodshot**. 너 눈 충혈됐어.
   B: I didn't sleep a wink last night. 간밤에 한숨도 못 잤거든.

UNIT 10

1. A: He's not able to do it. 걔는 그 일을 할 능력이 안 돼.
   B: I'm fully **aware** of that. 그건 나도 아주 잘 알고 있지.
2. A: He arrived **bright and early**. 걔가 아침 일찍 도착했더라고.
   B: He's unlike himself. 전혀 걔답지 않은 걸.
3. A: Don't be a **stranger**. 이러다 얼굴 잊어 먹겠다.
   B: I've been so busy. 내가 많이 바빴어.
4. A: **Dream of** me. 내 꿈 꿔.
   B: So romantic. 아주 로맨틱한 걸.
5. A: It **slipped my mind**. 그거 깜박 잊어 먹고 있었어.
   B: How could you do that? 어떻게 그럴 수가 있어?
6. A: You look different. 너 달라 보인다.
   B: I **had a haircut**. 나 머리 잘랐어.
7. A: This is past the **expiration date**. 이건 유효기간이 지났네.
   B: You can eat it. 그냥 먹어도 돼.
8. A: It's not **lack of sleep**. 그건 수면부족 때문 아니야.
   B: Then what? 그럼 뭐야?

UNIT 11

1. A: What makes you so sure? 그렇게 확신하는 이유는?
   B: It's a **hunch** I have. 내 예감이 그래.
2. A: Don't ever **make a fool of** me again. 다시는 나 웃음거리로 만들지 마라.
   B: I didn't mean to do it. 내가 일부러 그런 게 아닌데.
3. A: He loves me. 걔는 나를 사랑하니까.
   B: Don't **take** it **for granted**. 그걸 당연하게 여기지 마.
4. A: My fingers were too **numb** from the cold. 내 손가락들이 추위 때문에 전혀 감각이 없었어.
   B: I told you to wear gloves. 장갑 끼라고 했잖아.
5. A: Do you **fancy** a coffee? 커피 한잔 할래?
   B: Did you read my mind? 내 마음을 읽은 거야?
6. A: Their motive was **unclear**. 그들의 동기가 분명치가 않았어.
   B: What did they say about their motive? 동기가 뭐랬는데?
7. A: I'm terribly sorry to **barge in** like this. 이렇게 불쑥 들어와서 정말 죄송합니다.
   B: Do you have anything urgent? 무슨 급한 일 있어요?
8. A: How much do you **weigh**? 몸무게가 얼마나 나가?
   B: Don't ask me that. 그런 거 묻지 마.

UNIT 12

1. A: I looked at her in the **rearview mirror**. 내가 걔를 백미러로 봤어.
   B: What was she wearing? 걔 뭘 입고 있었어?
2. A: What are you **over the moon** about? 무엇 때문에 그렇게 기분이 좋아?
   B: I finally got a job. 마침내 직장을 구했어.
3. A: Have I come **at a bad time**? 내가 지금 불편한 시간에 온 거야?
   B: Not at all. Just sit here for a moment. 아니, 전혀. 여기 잠깐만 좀 앉아 있어.
4. A: This deal is **in jeopardy**. 이 계약, 성사 안 될 수도 있어.
   B: What did we do wrong? 우리가 무슨 잘못을 한 건데?
5. A: What are you doing? 너희들 뭐하고 있어?
   B: We're **in the middle of** something. 우리 지금 뭘 좀 하고 있는 중이야.
6. A: He's trying to **set** me **up**. 걔가 자꾸 나한테 여자[남자]를 소개 시켜주겠다고 이러네.
   B: You have a girlfriend[boyfriend]. 너 애인 있잖아.
7. A: What time do you **get off** tonight? 오늘 밤 몇 시에 퇴근해?
   B: How do I know? 그걸 내가 어떻게 알아?
8. A: I told you I **disagree**. 내가 동의하지 않는다고 너한테 말했잖아.
   B: I don't care. 동의하든 말든.

UNIT 13

1. A: What is your name again? 성함이 뭐라고 하셨죠?
   B: I don't **repeat myself**. 저는 같은 말을 되풀이하지 않습니다.
2. A: I thought you had to **tutor** today. 나 오늘 개인지도 있지 않아?
   B: I cancelled it. 취소했지.
3. A: You sound **out of breath**. 목소리가 숨이 차네.
   B: I'm exercising now. 지금 운동 중이야.
4. A: Call me if you **get stuck** or whatever 하다가 막히거나 뭐 그러면 나한테 전화해.
   B: I'll call you next week. 다음 주 중에 전화할게.
5. A: How did your project **end up**? 너 프로젝트는 어떻게 잘 끝났어?
   B: Not finished. I need to start over. 끝나기는. 처음부터 다시 시작해야 할 판이야.
6. A: You **clean** that **up**. 너야말로 저거 깨끗이 다 치워.
   B: You messed it up. 네가 엉망으로 만들어 놓은 거잖아.
7. A: I'll **make it up to** you. 그 일은 내가 보상할게.
   B: You don't have to. Never mind. 그럴 필요 없어. 신경 쓰지 마.
8. A: I don't need this. 난 이거 필요 없거든.
   B: You want me to **take** it **back**? 나더러 그걸 다시 가져가라고?

UNIT 14

1. A: Lots of people are **homeschooled**. 많은 사람들이 집에서 교육을 받아.
   B: It depends on inclination. 성향에 따르는 거지 뭐.
2. A: She thinks I'm a **doormat**. 걔는 내가 동네북인 줄 알아.
   B: She must be out of her mind. 걔 제정신이 아니구나.
3. A: People don't think you're right. 사람들은 네가 옳지 않다고 생각해.
   B: Do I look like I **care** what people think? 내가 다른 사람들 생각에 신경 쓰는 것처럼 보여?
4. A: How do you **accomplish** so much? 어떻게 그렇게 많은 일을 해내세요?
   B: I must be blessed. 제가 복 받은 거겠죠.
5. A: I have to **cut class** today. 나 오늘 수업 빼먹어야 해.
   B: You're gonna flunk out. 너 그러다가 짤린다.
6. A: I **made plans** to see them tonight. 오늘 밤에 걔네들 만나기로 약속했어.
   B: Who are they? 걔네들이 누군데?
7. A: Leave me out this time. 난 이번에는 좀 빼 줘.
   B: It's **against the rules**. 그건 규칙에 어긋나는 거야.
8. A: I wonder if they'll find this **amusing**. 걔들이 이걸 재미있어 할지 모르겠네.
   B: I'm more than 100 percent sure. 난 120% 확신해.

UNIT 15

1. A: Why should I **waste** my time listening to you? 내가 왜 네 이야기를 들으면서 시간 낭비해야 해?
   B: What? Say that again. 뭐라고? 다시 한 번 말해 봐.
2. A: I just **overslept**. 그냥 늦잠을 좀 잤어.
   B: You always say that. 맨날 그 소리야.
3. A: When did it happen? 언제 있었던 일이야?
   B: I really can't **pinpoint** the time. 시간은 정확히 말할 수가 없어.
4. A: I have to **get back into** my meeting. 다시 회의에 들어가 봐야 해.
   B: Talk to you later. 나중에 다시 얘기해.
5. A: Can I get a **ruling**? 어떻게 하는 게 옳을지 판결 좀 내려 줄래?
   B: It's your decision. 네가 알아서 결정해.
6. A: You're not like her **usual** friends. 너는 걔 보통 친구들과는 달라.
   B: How different? 어떻게 다른데?
7. A: You seem **distracted**. 너 지금 정신이 산만한 것 같아.
   B: I'm always this way. 난 늘 이래.
8. A: I told you I needed **space**. 혼자 생각할 시간이 필요하다고 말했잖아.
   B: I told you I need to be with you. 난 너와 같이 있고 싶다고 했잖아.

UNIT 16

1. A: Do I have to buy this? 나 이거 사야 해?
   B: I'd **snap** it **up** if I were you. 저 같으면 냉큼 사겠어요.
2. A: How would you like to **pay**? 어떻게 지불하시겠어요?
   B: I forgot my purse at home. 제가 깜박하고 지갑을 집에 두고 왔네요.
3. A: He was **pulling a face**. 걔 얼굴이 일그러지던 걸.
   B: No wonder. 당연하지.
4. A: Can you keep it for me until tomorrow? 내일까지 좀 따로 보관해 두면 안 돼요?
   B: We're not supposed to **reserve** sale stock. 아직 판매되지 않은 세일 품목을 따로 보관해 두면 안 돼요.
5. A: Which language do you want to study? 어떤 외국어를 공부할래?
   B: I'm **leaning toward** English. 난 관심이 영어 쪽으로 기울고 있어.
6. A: I'll **pay** you **back**. 내가 꼭 갚을게.
   B: You don't have to. 그럴 필요 없어.
7. A: Your card is not accepted? 카드가 안 돼?
   B: I'm up to my **limit**. 한도까지 다 썼어.
8. A: That's **a lot of money** for a scarf. 스카프 한 장 가격으로는 정말 큰 돈인데.
   B: She likes scarves so much. 그녀가 스카프를 워낙 좋아해서 말이야.

UNIT 17

1. A: My parents **are on** me to get married. 부모님이 결혼하라고 **성화야**.
   B: So you'll get married? 그래서 결혼하게?
2. A: He's **obsessed** with computers. 걔는 **늘** 컴퓨터 **생각만 해**.
   B: He's a computer freak. 컴퓨터광이잖아.
3. A: She's a **leading** financial journalist. 그녀야말로 **최고의** 경제부 기자야.
   B: I want to be like her. 나도 그녀처럼 되고 싶어.
4. A: What kind of sales did you do in the last year? 작년도 영업 실적이 얼마나 돼?
   B: I don't want to **talk shop**. **일 얘기는** 하고 싶지 않다.
5. A: I got it last week **in the sale**. 그거 지난 주에 **세일할 때** 샀어.
   B: What a coincidence! 왠 우연의 일치?
6. A: How was the **housewarming party**? **집들이** 어땠어?
   B: I couldn't make it to the party. 나 파티에 못 갔어.
7. A: The coffee is **lukewarm**. 커피가 **미지근하네**.
   B: I'll make it hotter. 더 뜨겁게 해줄게.
8. A: It'll **ruin** your appetite. 잘못하면 그것 때문에 식욕 **떨어질 거야**.
   B: Never mind. 그런 걱정하지 마.

UNIT 18

1. A: You should keep this promise. 너 이 약속 어기면 안 돼.
   B: I'll **make a note of** it. **메모해 놓을게**.
2. A: How did he know? 걔가 어떻게 알았을까?
   B: Word **gets around**. 소문은 **퍼지는 거야**.
3. A: Can I give you a **lift**? **차 태워 줄까**?
   B: I had my car fixed. 내 차 다 고쳤어.
4. A: **Take a right** at the first corner. 첫 번째 코너에서 **우회전해**.
   B: I can't change lanes. 나 차선 못 바꾸겠어.
5. A: If it hurts too much, you **punch** me in the face. 너무 아프면 **주먹으로** 내 얼굴을 **쳐**.
   B: How could I? 어떻게 그러냐?
6. A: **Start** her **up**. 자동차 **시동을 걸어 봐**.
   B: It doesn't work. 안 걸려.
7. A: My mom was **getting on my nerves**. 엄마가 **자꾸 짜증나게 했어요**.
   B: Don't talk about your mother that way. 엄마를 그런 식으로 말하지 마.
8. A: He's **checking** you **out**. 저 사람이 **계속** 너 **쳐다보네**.
   B: He's a creep. 정말 싫어.

UNIT 19

1. A: What do you feel like eating? 뭐 먹고 싶은 거 있어?
   B: Let's **play it by ear.** 그냥 상황 봐 가면서 하자.
2. A: It drives me nuts. 정말 열 받네.
   B: Just **laugh** it **off.** 그냥 웃어 넘겨.
3. A: Are you calling me **abnormal**? 너 지금 내가 비정상적이라는 거야?
   B: I didn't say that. 나 그렇게 말하지 않았어.
4. A: Have you finished the book? 그 책 다 읽었니?
   B: I have ten more pages **to go.** 다 읽으려면 10페이지 남았어.
5. A: What do you think of me? 넌 날 어떻게 생각해?
   B: You're **no fun.** 너 진짜 재미 없는 애야.
6. A: I want to be a cook. 나 요리사 될 거야.
   B: **Stick to** your idea. 그 생각 끝까지 밀고 나가.
7. A: It's **as easy as falling off a log.** 그거 정말 식은 죽 먹기야.
   B: I don't think so. 그렇지 않은 것 같은데.
8. A: **Stay away from** him. 걔 가까이 하지 마.
   B: What makes you say that? 그렇게 말하는 이유가 뭐야?

UNIT 20

1. A: He **dropped the charges** against her. 걔가 그녀에게 했던 고소를 취하했어.
   B: Why did he change his mind? 왜 생각을 바꾼 거야?
2. A: You **fill out** a survey. 설문에 응하도록 해.
   B: I did it yesterday. 이거 어제 한 건데.
3. A: I'm gonna **hold on to** it for a while. 내가 그거 잠깐 맡아줄게.
   B: Thank you. I won't be long. 고마워. 금방 돌아올게.
4. A: Your report is **due** tomorrow. 네 보고서 내일까지 제출해야 해.
   B: I'm already done. 나 이미 다 했어.
5. A: Can I talk to you for a minute? 잠깐 얘기 좀 나눠도 될까?
   B: I don't have a lot of **time to spare.** 내가 지금 짬 낼 틈이 많지가 않아.
6. A: You deserve a **raise.** 넌 월급 인상 받을 만한 자격 있어.
   B: No, I don't deserve it. 아니야. 난 그럴 자격 없어.
7. A: Why do I have to stop it? 왜 그걸 하지 말아야 하는데?
   B: It's bad for your **reputation.** 그게 네 명성에 흠이 되니까.
8. A: Why do you want me to stop seeing her? 너 왜 내가 걔를 그만 만났으면 하는 거야?
   B: She's **a bad influence** on you. 걔가 너에게 나쁜 영향을 주잖아.

UNIT 21

1. A: You want me to **fix** you **up with** her? 너, 내가 너한테 그녀 **소개시켜 줬으면** 하는 거야?
   B: How about this weekend? 이번 주말에 어때?
2. A: You told me you didn't like him. 너 걔 싫다고 했잖아.
   B: That was before I **got to know** him. 그거야 내가 걔를 **잘 알게 되기** 전 얘기지.
3. A: I **made a promise to** him. 나 걔한테 약속했어.
   B: You promised what? 무슨 약속?
4. A: **Put** your feelings for him **aside**. 걔를 향한 네 감정은 **일단 무시해**.
   B: Do you think it's possible? 그게 가능할 것 같니?
5. A: She's about to **go on trial** tomorrow. 걔 이제 내일이면 **재판을 받을** 판이야.
   B: I'm sorry to hear that. 어쩜 좋니.
6. A: What's on your mind? 무슨 생각을 그렇게 해?
   B: I have a **confession** to make. 나 **고백**할 게 있어.
7. A: Your credit card's been **declined**. 카드가 **승인** 거절되었어요.
   B: No kidding. 설마요.
8. A: Will you pay by card? 카드로 내실 거예요?
   B: I'll just pay with **cash**. 그냥 **현금**으로 낼게요.

UNIT 22

1. A: Glad you could **come aboard**. **같이 일하게** 돼서 반가워.
   B: I need your help. 많이 도와주세요.
2. A: He blames me for his **downfall**. 그는 자기가 **몰락**한 게 내 탓이라네.
   B: He leaves me speechless. 할 말이 없다, 할 말이.
3. A: Are you listening to me? 내 말 잘 듣고 있는 거야?
   B: I'm **all ears**. **잘 듣고 있으니까** 말해 봐.
4. A: She doesn't know what she **is in for**. 그녀는 곧 자신이 **어떤 일을 당하게 될지** 전혀 모르고 있어.
   B: No worries. I'll look after her. 걱정 마. 내가 잘 돌봐줄게.
5. A: He **was sentenced to** three years for bribery. 그는 뇌물수수죄로 3년형을 **선고 받았어**.
   B: He deserves more than that. 그 정도로는 부족하지.
6. A: I want you to be **aggressive** now. 난 네가 지금 많이 **적극적이면** 좋겠어.
   B: I'm aggressive enough. 지금도 충분히 적극적인데.
7. A: How about a drink over lunch? 점심 먹으면서 한잔할까?
   B: Don't **make it a habit to** drink during lunch. 점심 시간에 술 마시는 거 **버릇들이지** 마.
8. A: He made a confession yesterday. 걔가 어제 고백했어.
   B: There **is more to** it. 그게 **다가 아니야**.

UNIT 23

1. A: She's a **persuasive** woman. 그녀는 설득을 잘 시키는 여성이야.
   B: I know. She's quite a woman. 알지. 정말 대단한 여자야. I
2. A: They're gonna need your **expertise**. 그 사람들이 네 전문지식을 필요로 할 거야.
   B: I don't have any interest in them. 난 그 사람들에게 관심 없어.
3. A: Are you wearing **perfume**? 너 향수 뿌렸니?
   B: Sorry. I forgot that you had an allergy to perfume. 미안. 네가 향수 알레르기 있는 걸 깜박했어.
4. A: My **proposal** is simple. 내 제안은 간단해.
   B: I'm listening. 어디 들어나 보자.
5. A: There are a lot of **expectations** on him. 그에게 거는 기대가 정말 커.
   B: He's going to make it. 걔는 잘해 낼 거야.
6. A: I don't drink. 나 술 안 마셔.
   B: I smell alcohol on your **breath**. 네 입에서 술 냄새 나는데.
7. A: I need the money to **move out**. 이사 나가려면 나 그 돈 필요해.
   B: When are you moving out? 언제 이사 나가는데?
8. A: **Why don't we** have a drink and discuss it? 한잔하면서 그걸 의논하는 건 어떨까?
   B: Do you drink? 너 술 마셔?

UNIT 24

1. A: Keep your **seat belt** on. 좌석 벨트 계속 매고 있어.
   B: It's annoying. 성가셔.
2. A: You're limping. 발을 저네.
   B: I think I **rolled my ankle**. 발목을 접질린 것 같아.
3. A: She's an **active** talker. 걔는 대화할 때 아주 적극적이야.
   B: Everybody wants to work with her. 다들 그녀와 일하고 싶어 해.
4. A: She's such **a gossip**. 그녀는 남 얘기 하는 걸 너무 좋아해.
   B: She's not my type. 내 스타일은 아니야.
5. A: Can I **have a word with** you for a second? 잠깐 얘기 좀 할까?
   B: Anytime. 언제든.
6. A: You don't talk to her? 그녀와는 얘기 안 해?
   B: She's **hostile** with me. 걔가 나한테 적대적이야.
7. A: This is **unacceptable**. 이건 정말 용납할 수 없는 일인 걸.
   B: Can't you rethink it? 다시 한번 생각해 주면 안 될까?
8. A: What should we do? 우리 어쩌면 좋지?
   B: Just let it **blow over**. 그냥 잠잠해지게 내버려 둬.

UNIT 25

1. A: Don't **leave** me **out of** this. 나 이 일에서 빼지 마.
   B: Of course not. 당연하지.
2. A: Can't **get rid of** me that easily. 나를 그렇게 쉽게 떼어놓을 순 없지.
   B: Nobody can stop you. 누가 널 말리겠니.
3. A: I won't listen to you. 당신 말은 절대 듣지 않을 거예요.
   B: You're very **naughty**. 넌 정말 무례하기 짝이 없구나.
4. A: You finally decided to **show**. 드디어 나타나셨군.
   B: You're not supposed to get in touch with me. 너 나한테 연락하면 안 될 텐데.
5. A: Where is she? 얘 어디 갔어?
   B: She left on **a bathroom break**. 화장실 간다고 잠깐 자리 비웠어.
6. A: We need to leave it to him. 이 일은 걔한테 맡겨야 해.
   B: That's the part I don't **get**. 나는 그 부분이 이해가 안 돼.
7. A: How are things going? 일은 잘 되어 가?
   B: Things got really **messed up**. 일이 정말 완전 엉망이 됐어.
8. A: I'm a little **short** right now. 지금 당장은 가진 돈이 좀 부족하네.
   B: Let me lend you some money. 내가 빌려 줄게.

UNIT 26

1. A: I got moved a lot by the movie. 그 영화 정말 감동적이었어.
   B: You're so **emo**. 너 정말 감성적이구나.
2. A: **What's in it** for you? 그렇게 해서 너한테 무슨 득이 되는데?
   B: Nothing. I just want to help him. 없어. 그냥 걔를 돕고 싶을 뿐이야.
3. A: What's the **catch**? 문제점이 뭔데?
   B: She began to show her true colors. 그녀가 본색을 드러내기 시작했어.
4. A: It would be **wiser** to wait. 기다려 보는 게 더 현명할 듯하다.
   B: I've been waiting for more than a week. 기다린지 이미 1주일이 넘었어.
5. A: How was the lecture? 그 강연 어땠어?
   B: It was very **informative**. 아주 유익했어요.
6. A: I'm not very good at being **obedient**. 나는 그다지 순종적이지 못한데.
   B: Just do as you please. 그냥 네가 원하는 대로 해.
7. A: How did you get in here? 너 이 안으로 어떻게 들어왔어?
   B: The front door was **unlocked**. 현관문이 열려 있던데.
8. A: She is **withdrawing** from friends. 그녀는 친구들을 멀리하고 혼자만 있으려고 해.
   B: She worries me. 걔 때문에 늘 걱정이야.

UNIT 27

1. A: How do I look? 나 어때?
   B: You look **stunning** in the clothes. 그 옷 입으니까 너 **정말 예쁘다**.
2. A: You **were invited to** her party? 너 걔 파티에 **초대 받았어**?
   B: No. I'm not close to her. 아니. 나 걔랑 친하지도 않는데 뭐.
3. A: I **looked all over for** you. 내가 널 **사방팔방 찾아다녔어**.
   B: I was sleeping in my room. 방에서 자고 있었는데.
4. A: **Get off** your blog. 블로그 좀 **그만해라**.
   B: I just got on my blog a minute ago. 방금 전에 시작했어.
5. A: I really **had a bad day.** 오늘 하루 정말 **엉망이었어**.
   B: It's written all over your face. 네 얼굴에 써 있다.
6. A: He **is allergic to** department stores. 걔는 백화점이라면 **딱 질색이야**.
   B: That's why you don't go shopping with him. 그래서 네가 걔랑 쇼핑을 같이 가지 않는구나.
7. A: So you want to quit the job? 그 일 관두게?
   B: The moment it doesn't feel right, I **get away from** it. 옳다고 느껴지지 않으면 난 그 일에서 **바로 손 떼**.
8. A: My birthday is **around the corner**. 내 생일이 **코앞이야**.
   B: What do you want as gifts? 선물 뭐 받고 싶니?

UNIT 28

1. A: It might be good for us to **take a break**. 우리가 **좀 떨어져 있는 게** 좋을지도 몰라.
   B: I think so too. 나도 그렇게 생각해.
2. A: She's **gearing up to** take her company public. 그녀는 회사 주식을 상장할 **준비를 하고 있어**.
   B: She built up her company out of nothing. 그녀는 완전 무(無)에서 회사를 키웠지.
3. A: I **have no feelings for** her anymore. 난 더 이상 그녀**에게 호감 없어**.
   B: Then I can date her? 그럼 내가 사귀어도 돼?
4. A: I know you're lying to me. 너 지금 나한테 거짓말하고 있잖아.
   B: Is it that **obvious**? 그게 그 정도로 **티가 나**?
5. A: What did he say to you? 걔가 너한테 뭐래?
   B: It's just **lame**. 그냥 뭐 **말도 안 되는 소리야**.
6. A: Do you think I can make it? 내가 그걸 할 수 있을까?
   B: **Bet on** yourself. 너 자신을 **믿어**.
7. A: I'm **tracking down** the account. 지금 그 계좌를 **추적 중**이야.
   B: Don't make any mistakes. 실수 없이 잘해라.
8. A: He's an idiot. 걔 참 멍청한 놈이야.
   B: Don't make **cracks** about him. 그에 대해서 **함부로 말**하지 마.

UNIT 29

1. A: Why are you doing this to me? 너 지금 나한테 왜 이러는 거야?
   B: This is not deliberate. 고의로 이러는 게 아니야.
2. A: Let's talk about his son. 걔 아들에 대해서 얘기해 보자고.
   B: Don't even go there. 그 얘기까진 할 필요 없잖아.
3. A: We need to be honest with him. 그에게 솔직하게 말해야 해.
   B: He'll go bananas. 걔 화내고 난리 날 텐데.
4. A: I'll break up with her. 나 그녀랑 헤어져야겠어.
   B: Take a beat and reconsider. 잠깐 숨 좀 돌리고 다시 한 번 잘 생각해 봐.
5. A: Start a family with me. 나하고 애기 낳고 같이 살자.
   B: You know I'm married. 너 내가 유부녀인 거 알잖아.
6. A: I don't want to lose this to that. 나 그것 때문에 이것을 잃고 싶지 않아.
   B: You have to choose that. 너 꼭 그걸 선택해야 해.
7. A: Why didn't you know that? 넌 왜 그 사실을 몰랐던 거야?
   B: He's been extremely secretive. 걔가 그동안 극도로 비밀스럽게 굴었거든.
8. A: I let it go on too long. 내가 그걸 너무 오랫동안 방치했어.
   B: It's not your fault. 그건 네 잘못이 아니야.

UNIT 30

1. A: Things got a little tense. 상황이 좀 긴박해졌어.
   B: Is that bad news? 나쁜 소식인 거야?
2. A: I'm sure you'll make the right decision. 네가 옳은 결정을 할 거라고 난 확신해.
   B: I feel pressured. 부담이 많이 되네.
3. A: You have to finish it by next week. 이거 다음 주까지는 꼭 끝내야 해.
   B: Don't push me. 나 좀 다그치지 마라.
4. A: I don't want you to go behind my back. 나 모르게 뒤에서 딴짓하지 마.
   B: You don't trust me? 날 못 믿어?
5. A: I don't think I can make it. 난 못 갈 것 같아.
   B: You can't cancel at the last minute. 시간이 임박해서 취소하는 건 안 돼.
6. A: It was a spur-of-the-moment decision. 그건 충동적인 결정이었어.
   B: So what? 그래서 뭐 어쩌라고?
7. A: Where do you want me to take you? 어디에 데려다 줄까?
   B: I'd rather walk. 난 그냥 걸어갈래.
8. A: Where is your jacket? 너 재킷은 어디에 있어?
   B: I forgot my jacket at home. 깜빡하고 재킷은 집에 두고 왔어..

208 ANSWERS

UNIT 31

1. A: It seemed like weeks **went by**. 몇 주는 흘러간 것 같았어.
   B: You must have been very nervous. 굉장히 긴장했었구나.
2. A: I **practiced** saying it out loud. 난 그거 큰 소리로 말하는 연습을 했어.
   B: So it worked? 그래서 효과가 있었어?
3. A: The format's not **compatible**. 그 포맷은 호환이 안 돼.
   B: It figures. 내가 그럴 줄 알았어.
4. A: He drives an old Mustang **handed down** from his brother. 걔 형한테 물려받은 오래된 무스탕 몰고 다녀.
   B: I've never driven a Mustang. 난 무스탕 한번도 타 본 적 없는데.
5. A: I found the various smells **fascinating**. 다양한 냄새들이 정말 좋았어.
   B: I thought you would like them. 나, 네가 좋아할 줄 알았어.
6. A: That took a lot of **courage**. 그렇게 하는데 정말 용기가 많이 필요했어.
   B: I didn't know you were so courageous. 네가 그렇게 용기 있는 줄 몰랐다.
7. A: It's **between you and me**. 이건 우리 둘 사이의 비밀 얘기야.
   B: I won't let it leak out. 절대 발설하지 않을게.
8. A: I feel much more **at home** when I write. 나는 글을 쓸 때 훨씬 마음이 편해.
   B: Then you can be a writer. 그럼 작가하면 되잖아.

UNIT 32

1. A: What did you talk about? 무슨 얘기했어?
   B: We talked about **helicopter parenting**. 우리 극성 부모의 육아에 대해서 대화했어.
2. A: I should **get out of here**. 나 그만 가 봐야겠다.
   B: Give me a call tomorrow. 내일 전화 줘.
3. A: That dress does not **belong** in this office. 그 옷은 이 사무실 안에서 적절치 않아.
   B: I have nothing to wear except for this. 이것 말고는 입을 게 없는데.
4. A: Don't you remember what I said last week? 내가 지난 주에 말한 거 기억 안 나?
   B: It doesn't **ring a bell**. 전혀 기억이 나질 않아.
5. A: My driver's license **expired** last year. 내 운전면허 작년에 유효 기간 끝났어.
   B: But you're still driving? 그런데 지금도 운전하고 있는 거야?
6. A: It's too **risky**. 그 일은 너무 위험한데.
   B: But it's still worth a try. 하지만 시도해 볼 만한 값어치는 있어.
7. A: We just need to **stick together**. 우리 힘을 합쳐야 해.
   B: Let me think about it. 생각 좀 해 보고.
8. A: I need you to **go through** those files. 그 파일들을 죄다 조사하도록 해.
   B: All by myself? 저 혼자요?

UNIT 33

1. A: You want me to take over this job from now on? 지금부터 이 일은 내가 맡아서 하라고?
   B: You **catch on** quick. 이해가 빠르네.
2. A: Are you **keeping track**? 너 계속 내 뒷조사하고 다니니?
   B: Me? Why? 내가? 왜?
3. A: I don't mean to **intrude**. 일부러 방해할 생각은 아니에요.
   B: No problem. What brings you here? 괜찮아요. 무슨 일로 오셨어요?
4. A: How about having dinner together? 우리 저녁 같이 먹을까?
   B: I'm going to **take a rain check**. 그건 나중에 하도록 하지.
5. A: She's not **relevant** to this accident. 그녀는 이 사건과 관련이 없어.
   B: We have clear evidence. 이렇게 확실한 증거가 있는데.
6. A: Don't be **cocky**. 자만하지 마.
   B: I'm not cocky. This is a fact. 자만이 아니라 팩트야, 팩트.
7. A: It's **unbecoming** on you. 그건 너한테 어울리지 않는 태도야.
   B: What's becoming on me? 나한테 어울리는 태도가 뭔데?
8. A: You're not that **sentimental**. 네가 그 정도로 감성적이지는 않잖아.
   B: You don't know who I am at all. 네가 날 전혀 모르는구나.

UNIT 34

1. A: Find out if there's **a smoking gun**. 확실한 증거가 있는지 알아내.
   B: I'll find out by tomorrow. 내일까지 알아내겠습니다.
2. A: I don't know anything about it. 저는 그거 관련해서 정말 아무 것도 모릅니다.
   B: I wasn't **born yesterday**. 내가 그렇게 쉽게 속을 것 같니?
3. A: You can't **lay into** me that way. 네가 그런 식으로 나를 비난하면 안 되지.
   B: I don't know what you're talking about. 난 네가 무슨 소리하는지 모르겠어.
4. A: Their product can't **compete** with ours. 그들의 상품은 우리 거랑 경쟁이 안 돼.
   B: In what ways? 어떤 면에서 그렇죠?
5. A: I **admire** that. 그건 정말 존경스럽습니다.
   B: You're exaggerating. 그건 너무 과장된 발언입니다.
6. A: I applied for that position, and was **turned down**. 그 자리에 지원했는데 거절당했어.
   B: You must have been overqualified. 네가 필요 이상의 자격을 갖추어서 그랬을 거야.
7. A: How is the book? 그 책 어때?
   B: The book **sucks**. 그 책 정말 형편 없어.
8. A: If you don't, I'm **coming forward**. 네가 안 하면 내가 나설 거야.
   B: Why don't we just wait and see? 우리 그냥 좀 두고 보자.

ANSWERS

UNIT 35

1. A: Can I be **honest** with you? 솔직히 말씀드릴까요?
   B: You should be. 그래야지.
2. A: You tried to **sabotage** my relationship with her. 네가 나와 그녀와의 관계를 방해하려고 했잖아.
   B: I've never done that. 난 절대 그런 적 없어.
3. A: He **is up to** something. 걔 지금 바빠 뭔 일을 벌이고 있어 지금.
   B: I can't believe it. 그럴 리가.
4. A: Can we just please **cut the small talk**? 우리 잡담은 그만할까요?
   B: What should we do from now on? 우리가 지금부터 뭘 하면 되죠?
5. A: Now we're **even**. 우리 이제 비겼어. 더 이상 너에게 빚진 것 없어.
   B: You owed me nothing. 너 나한테 빚진 거 없었어.
6. A: I've never hit him. 나 걔 때린 적 없어.
   B: That is what I'm here to **prove**. 내가 그걸 증명하려고 이 자리에 있는 거잖아.
7. A: I hired her **on the spot**. 내가 즉석에서 그녀를 채용했어.
   B: You were unlike yourself. 너답지 않게 왠 일이야.
8. A: I don't have **a guilty conscience**. 양심의 가책 같은 건 없어요.
   B: You mean you didn't do anything wrong? 본인은 잘못이 전혀 없다는 말씀인가요?

UNIT 36

1. A: He didn't study English at all. 걔 영어 공부 전혀 안 했어.
   B: He **regrets** it to this day. 걔 지금까지도 그거 후회하잖아.
2. A: I don't want to work with you. 당신이랑 같이 일하고 싶지 않아요.
   B: I'll **get out of your hair**. 귀찮게 하지 않을게요.
3. A: **It feels like yesterday** I was telling you all this. 내가 너한테 이 모든 걸 얘기하던 게 엊그제 같은데.
   B: Time flies. 세월 정말 빠르다.
4. A: Just **get smarter**. 상황을 좀 더 확실하게 파악하도록 해.
   B: I don't know what to do. 그걸 어떻게 해야 하는지 모르겠는데요, 전.
5. A: Are you **threatening** me? 지금 나 협박하는 거야?
   B: Yes. I AM. 맞아. 협박하는 거야.
6. A: I want you to **commit** that you will succeed. 네가 성공할 거라는 거, 마음에 새겨 두면 좋겠다.
   B: I'm not so confident. 난 자신이 없어.
7. A: What's he doing now? 쟤 지금 뭐 하고 있는 거야?
   B: He's **marking his territory**. 저 강아지 지금 자기 영역 표시하고 있는 거야.
8. A: Don't **sucker** your brother. 너 너네 형 속이면 안 돼.
   B: It's fun. 재미있잖아.

UNIT 37

1. A: Thank you for **agreeing to** see us. 우리를 만나기로 해 준 거 고마워요.
   B: I had something to talk to you about anyway. 어쨌든 저도 말씀드릴 게 있었어요.
2. A: It's already **backfired**. 그건 이미 역효과 났어.
   B: I had told you to be careful. 진작에 내가 조심하라고 했잖아.
3. A: You're **crossing the line**. 너 지금 넘지 말아야 할 선을 넘고 있는 거야.
   B: Nobody believes in me. 아무도 나를 믿어주지 않네.
4. A: You have the strength to **get through** it. 너는 이 상황을 이겨낼 힘이 있잖아.
   B: What strength? Any strength that I don't know? 무슨 힘? 내가 모르는 힘이 있어?
5. A: What's your level of **certainty**? 어느 정도 확신하는 거야?
   B: More than 100%. 100% 이상 확신하지.
6. A: We **got sidetracked**. 우리 말하다 말고 삼천포로 빠졌네.
   B: Where were we? 어디까지 얘기했었지?
7. A: It's **crossed my mind**. 문득 그게 생각이 났어.
   B: You've been so sensitive. 너 요즘 들어 너무 예민하다.
8. A: I'm **filling in**. 잠깐 대신 일을 봐주고 있는 중이에요.
   B: You're better than him. 네가 걔보다 더 잘하는데.

UNIT 38

1. A: I can't find professor Shinn. 신 교수님이 어디에 계신지 안 보이네요.
   B: He's in the **den**. 지금 서재에 계세요.
2. A: They all **fear** you. 다들 너를 두려워하고 있어.
   B: Why? What did I do to them? 왜? 내가 걔네한테 뭘 어쨌는데?
3. A: The space felt **cozy**. 그 공간은 느낌이 아주 편하던데.
   B: But I didn't like it. 그치만 난 거기 별로더라.
4. A: I just lay there **rigid**. 나 그곳에 꼼짝 못하고 누워 있었어.
   B: You were so tired? 그렇게 피곤했어?
5. A: She **nudged** me with her elbow. 걔가 팔꿈치로 나를 쿡 찔렀어.
   B: She must have wanted you to help her. 네가 도와줬으면 했나 보다.
6. A: I want you to **check up on** him. 걔 잘하고 있는지 확인 좀 해 줘.
   B: Don't worry. He's doing well. 걱정하지 마. 아주 잘하고 있으니까.
7. A: I failed the test again. 나 시험에 또 떨어졌어.
   B: You **asked for** it. 자업자득이야.
8. A: I'm on my way to see her. 나 지금 그녀 만나러 가.
   B: You need a better **outfit**. 옷 좀 제대로 입고 가지.

UNIT 39

1. A: You came here by subway? 지하철 타고 왔어?
   B: My car has been **towed**. 내 차가 견인됐어.
2. A: Can I wait here? 저 여기에서 기다려도 되는 겁니까?
   B: You're **welcome** to wait. 기다리려면 얼마든지 기다려**도 좋습니다**.
3. A: You've been waiting for me? 저 기다리고 있었어요?
   B: I **had a feeling** you'd be back. 당신이 다시 올 거라는 예감이 들었어요.
4. A: There is some truth in what he says. 걔가 하는 말에도 일리가 있지.
   B: Are you **sticking up for** him? 너 지금 걔를 두둔하는 거야?
5. A: You didn't say you were coming. 너 올 거라는 말 없었잖아.
   B: I was in the **neighborhood**. 이 근처에 왔다가 잠시 들렀어.
6. A: I need to use the **ladies room**. 나 화장실에 가야겠어.
   B: I'll just look around. 난 좀 둘러보고 있을게.
7. A: You think you'll be okay **by yourself** for a while? 잠깐 좀 혼자 있어도 괜찮겠어?
   B: Don't treat me like a baby. 나 애 취급하지 마.
8. A: Let me get you a **refill**. 한 잔 더 가져다 줄게.
   B: No, thanks. I've had enough. 아니야. 나 괜찮아. 충분히 마셨어.

UNIT 40

1. A: I **fielded** a call from her. 내가 걔한테서 온 전화 잘 대응해 줬어.
   B: I'm sick of listening to her. 난 걔 얘기 듣는 거 완전 질렸어.
2. A: He will be here **momentarily**. 걔 여기 금방 도착할 거야.
   B: I'm out of here. 나 그럼 갈게.
3. A: Your job is very stressful. 네 일이 정말 스트레스가 심한 일인데.
   B: I **thrive** under pressure. 난 스트레스를 받아야 일을 잘해.
4. A: She sat next to me and **looked** me **over**. 그녀는 내 옆에 앉아서 나를 살펴봤어.
   B: You must have stolen her heart. 네가 마음에 들었나 보다.
5. A: They're way too **conservative**. 그들은 너무 보수적이야.
   B: You told me we needed them. 우리에게 필요한 사람들이라고 네가 그랬잖아.
6. A: You're not interested in fashion. 너 패션에 별 관심도 없으면서 그래.
   B: I **adore** fashion. 나 패션 아주 좋아해.
7. A: You'll have to be **an early bird**. 너 앞으로는 일찍 일어나야 할 거야.
   B: I hate waking up early in the morning. 아침에 일찍 일어나는 거 진짜 싫은데.
8. A: You need a little time to **get acquainted with** them. 그들과 안면을 트려면 너 시간이 좀 필요하잖아.
   B: I'm already close to them. 나 걔들이랑 이미 친한 걸.

INDEX

A

a bad influence	99
a bathroom break	121
a blip	187
a change of plans	99
a gossip	117
a guilty conscience	165
a hell of a lot	65
a live wire	171
a lot of money	83
a refill	183
a ride	117
a splitting headache	95
a straight shooter	165
abandon	95
abnormal	95
absolute	175
accident	95
accomplish	73
activate	105
active	117
admire	161
adore	187
against the rules	73
aggressive	109
agree to	175
all ears	109
all set	179
allow	39
amused	187
amusing	73
an early bird	187
an expert on	143
announcement	61
any second	135
apology	117
appetite	39
argument	25
around the corner	131
as easy as falling off a log	95
as if	139
as long as	87
ashamed	21
ask for	179
asking price	29
assignment	149
at a bad time	65
at home	143
at the last minute	143
at the same time	113
athlete	47
aware	55

B

back up	139
backfire	175
backwards	25
bail on	105
barefoot	55
barge in	61
battle	17
be allergic to	131
be bound to	153
be double-parked	175
be dying to	179
be great at	109
be in for	109
be invited to	131
be more to	109
be off	149
be off to	91
be on	87
be seen	51
be sentenced to	109
be up to	165
be with	135
believe in	139
belong	153
belongings	143
bend down	149
bet on	135
betrayal	187
between you and me	149
beyond reproach	171
bloodshot	51
blow over	117
book	113
born	61
born yesterday	161
borrow	61
bottled water	113
break A open	39
break the bad habit	187
break up	131
breath	113
breathe	21
bright and early	55
bully	87
by oneself	183

C

can't believe one's ears	21
can't get a dime	139

214 ANSWERS

care	73	couldn't care less	51	drive somebody nuts	17
cash	105	courage	149	drive stick	183
cash flow	139	cover	161	drop in	21
catch	127	cozy	179	drop the charges	99
catch	69	crack	135	due	99
catch on	157	cross one's mind	175		
cautious	69	cross the line	175		
certainty	175	crowded	43	**E**	
change	121	cruel	29		
charge	117	cure	17	education	117
check out	91	cut class	73	email	87
check up on	179	cut short	29	embarrassed	73
childish	55	cut the small talk	165	emo	127
clean up	69			empty	91
clear	17			end up	69
climate	77	**D**		escort	73
close to	179			even	165
cocky	157	dark	131	exaggerate	51
come aboard	109	dead	109	exception	65
come forward	161	declare bankruptcy	161	exhausting	43
come from	175	decline	105	expectations	113
come out	17	dedication	161	experience	113
come over	33	defeat	165	expertise	113
commit	171	degree	39	expiration date	55
compatible	149	deliberate	139	expire	153
compete	161	den	179	explanation	43
concentrate	73	develop	109		
confession	105	disagree	65		
confirm	43	dislike	51	**F**	
conflict	179	disqualify	95		
conscious	47	disrespect	165	fake	127
conservative	187	distracted	77	fall for	183
contemplate	149	divorce	29	fall head over heels for	183
control	87	doormat	73	fancy	61
cool	127	downfall	109	far shorter than	161
cooperative	109	dream of	55	fascinating	149
cope with	39				

fear	179	get out of one's hair	171	heads-up	109
feel at home	149	get rid of	121	hear of	99
feel comfortable	17	get sacked	43	helicopter parenting	153
feel free	43	get sidetracked	175	help A out with B	105
feel sorry for	69	get smart	171	hesitate	21
field	187	get something straight	25	hit one's prime	165
fill in	175	get stuck 6	9	hold on to	99
fill out	99	get stuck in traffic	47	homeschool	73
fix A up with B	105	get through	175	honest	165
flatter oneself	51	get to know	105	honor	87
follow	39	get to the point	29	hostile	117
fond	39	get together	61	hot	135
for good	131	give it a rest	33	housewarming party	87
force oneself to	143	go bananas	139	how late	29
formal	47	go behind one's back	143	hunch	61
fret	51	go by	149		
frustrating	77	go dead	43		
furnish	179	go on	139		
		go on trial	105	**I**	
G		go out with	65	idiot	105
		go there	139	ignition	91
		go through	153	immune to	135
gear up to	135	good luck	121	imply	183
generate	139	Google	61	impressive	47
get	121	grateful	17	in a bind	157
get A out of one's mind	51	grow up	171	in bad shape	91
get A right	29			in jeopardy	65
get acquainted with	187			in person	69
get along	47	**H**		in the black	83
get around	91			in the future	135
get at	161	hand down	149	in the middle of	65
get away from	131	hang out with	77	in the sale	87
get back into	77	have a bad day	131	in the same boat	149
get going	21	have a feel	25	in time	65
get into a fight	131	have a feeling	183	include	87
get off	131	have a haircut	55	information	153
get off	65	have a sale	83	informative	127
get on one's nerves	91	have a word with	117	innocent	77
get one's act together	171	have in common	39	inside	33
get out of here	153	have no feelings for	135	insist	47

insomniac	179	like crazy	143	more than ever	29
instead	117	limit	83	move on	127
interfere	91	limo	135	move out	113
interrupt	69	line	21		
intriguing	61	lofty	187		
intrude	157	lonely	105	**N**	
invest	17	look all over for	131		
It feels like yesterday	171	look one's age	33	nag	43
		look over	187	naughty	121
		lose A to B	139	nearby	51
J		lovely	21	neighborhood	183
		loyal	55	next door	33
jet lag	39	lukewarm	87	no fun	95
jot down	25			no such thing	179
jump	25			normally	65
		M		notable	83
				nudge	179
K		mad	47	numb	61
		make a big deal out of	117		
keep one's eye on the ball	113	make a fool of	61		
keep quiet	99	make a note of	91	**O**	
keep track	157	make a promise to	105		
knock	39	make friends	117	obedient	127
		make it a habit to	109	obsessed	87
		make it up to	69	obsolete	149
L		make one's bed	25	obvious	135
		make oneself clear	77	off to a good	165
lack of sleep	55	make plans	73	offensive	55
ladder	39	make the right decision	143	on	29
ladies' room	183	make the time	131	on earth	77
lame	135	mark one's territory	171	on one's feet	51
laugh off	95	mature	39	on one's own	47
lay into	161	mean	55	on the house	121
leading	87	memory	65	on the Internet	127
lean toward	83	mercy	175	on the spot	165
leave A at that	51	mess up	121	on time	43
leave A out of	121	migraine	47	one hell of a	99
let A down	33	miss	43	online	69
lift	91	modern	33	opinion	17
lightly	51	momentarily	187	out of breath	69

outfit	179	push	143	**S**			
over the moon	65	put aside	105				
overlook	161	put something on the line	153	sabotage	165		
overnight	17	put up with	55	safe	121		
oversleep	77			save A from B	175		
overstep	157			say hello to	29		
owe	25	**Q**		score	65		
				search	95		
P		quit thinking	33	seat belt	117		
				secretive	139		
				sentimental	157		
pain	21	**R**		set somebody up	65		
papers	21			settle	51		
party	157	raise	99	share classes	143		
pay	83	reaction	73	sharp	39		
pay back	83	rearview mirror	65	short	121		
perfume	113	reasonable	175	short-sighted	25		
persuasive	113	recognize	157	show	121		
photocopy	29	refuse	33	show interest in	33		
pick	143	regards	21	sign	39		
pick somebody up from	135	register	33	significant	171		
pick up	25	regret	171	silly	47		
picky	51	relevant	157	sleep off	51		
pinpoint	77	repeat oneself	69	slip one's mind	55		
play	95	reputation	99	slow down	55		
play it by ear	95	reserve	83	smell of	83		
plenty	25	responsible	77	smoking gun	161		
possibility	73	rest	17	snap something up	83		
practice	149	restore	47	space	77		
prefer	105	restroom	153	spectacular	161		
private	29	ride	127	speechless	17		
professional	33	ridiculous	83	spin	187		
professionally	127	rigid	179	splendid	43		
property	157	ring a bell	153	spoil	21		
proposal	113	risky	153	spur-of-the-moment	143		
prove	165	roll one's ankle	117	stare at	121		
pull a face	83	root for	109	start (all) over again	47		
pull off	157	ruin	87	start a family	139		
pull the curtains	17	ruling	77	start up	91		
punch	91			starve	183		

stay away from	95	talented	43	upbeat	131
stay out of	99	talk shop	87	usual	77
step out	183	teach	21		
stick to	95	tense	143		
stick together	153	then	131	**V**	
stick up for	183	think about	175		
straight	33	thirsty	121	valuable	157
stranger	55	thoughtful	73	vet's	183
strength	61	thoughtless	29	violent	95
stuff	25	threaten	171		
stuffed up	165	thrive	187		
stuffy	153	thriving	121	**W**	
stunning	131	throw A away	33		
stupid	69	tied up	83	wait up	105
stylish	83	tight	21	walk by	91
suck	161	time to spare	99	waste	77
sucker	171	tiny	25	weigh	61
suffer	47	tiring	17	welcome	183
suffocate	187	to go	95	well-behaved	165
suggest	29	tow	183	welch	171
surprising	153	track down	135	What makes you think ~? 139	
suspicious	153	tradition	99	What's in it?	127
sweet	149	travel	43	whom	33
switch	171	turn A down	113	Why don't we ~?	113
		turn down	161	win-win	25
		turn in	73	wise	127
T		tutor	69	wishy-washy	127
				withdraw	127
take	143			without saying a word	143
take a beat	139	**U**		work late	09
take a break	135			work on	
take A for granted	61	ugly	113		
take a rain check	157	unacceptable	117	**Z**	
take a right	91	unbecoming	157		
take A the wrong way	29	unbelievable	21	zip shut	91
take back	69	unclear	61		
take chances	47	under control	39		
take place	43	unexpected	25		
take something out on	43	unkind	87		
take turns at	99	unlock	127		

〈위대한 매일 영어 **회화 어휘**〉 시리즈는 계속됩니다.